Hello, 幸福！

大学生积极心理品质养成手册

刘海霞 魏 澂 孙 猛 陆 文◎主编

中国书籍出版社
China Book Press

图书在版编目（CIP）数据

Hello,幸福！：大学生积极心理品质养成手册 / 刘
海霞等主编. -- 北京：中国书籍出版社, 2021.7
ISBN 978-7-5068-8588-1

Ⅰ. ①H… Ⅱ. ①刘… Ⅲ. ①大学生–心理健康–健
康教育–手册 Ⅳ. ①G444-62

中国版本图书馆 CIP 数据核字(2021)第 147746 号

Hello,幸福！——大学生积极心理品质养成手册

刘海霞　魏　澈　孙　猛　陆　文　主编

责任编辑	姜　佳
责任印制	孙马飞　马　芝
封面设计	范　荣
出版发行	中国书籍出版社
地　　址	北京市丰台区三路居路 97 号（邮编：100073）
电　　话	（010）52257143（总编室）　　　　（010）52257140（发行部）
电子邮箱	eo@chinabp.com.cn
经　　销	全国新华书店
印　　刷	青岛新华印刷有限公司
开　　本	787 mm × 1092 mm　1 / 16
字　　数	133 千字
印　　张	10.25
版　　次	2021 年 7 月第 1 版　　2021 年 7 月第 1 次印刷
书　　号	ISBN 978-7-5068-8588-1
定　　价	42.00 元

本书编委会

主　审　姜　强　李　霖

主　编　刘海霞　魏　溦　孙　猛　陆　文

副主编　黄　鑫　李婉璐　张　露　许乃丽

　　　　赵佳钰　张晓丽　谷绵绵

编　委　(排名不分先后)

　　　　王　霞　姜　红　孟彩虹　段鑫鑫

　　　　张　娇　王雪梅　杨　宁　闫向飞

　　　　谭　超　林　华　祁世芳　周美蕾

导言

　　追求幸福，可以说是所有人的人生目标。那么幸福是什么？

　　幸福似乎有千姿百态，比如，刚收到礼物的人是幸福的，收到入职通知的人是幸福的，劫后余生的人是幸福的，坠入爱河的人是幸福的，安静地享受音乐的人是幸福的，赛场上努力拼搏的人是幸福的……积极心理学尝试寻找幸福的本质是什么，也努力寻找获得幸福的方法，探索人们感觉不幸福的原因。人的心理健康问题在国力强盛的今天得到了全社会的高度关注。一提到心理健康，大众自然想到的是各种心理疾病。2001年，世界卫生组织专门就"心理健康"概念作了界定，认为"心理健康是一种健康或幸福的状态，在这种状态下，个体可以实现自我，能够应对日常生活压力，工作富有成效和成果，以及有能力对所在社区做出贡献"。积极心理学在不回避人类各种心理问题的同时，更强调人性的美好品质和人类潜能的实现，与社会主义核心价值观培养相契合，是实现职业教育培养高素质技能型人才目标的重要理论依据，这也是我们编写本书的初衷。

　　本书以积极心理学PERMA理论为指导，共分七个主题，每个主题有五个模块，分别为案例导入、活动设计、理论部分、强化练习和拓展阅读。设计理念强调科学性、实用性、可操作性。

主题一 积极情绪

生活中有消极情绪，也有积极情绪，它们各自有其功能和存在意义。在理解、接纳情绪的基础上教授学生学习如何表达、控制、理解和应对情绪，同时发现、培养和管理积极情绪。

主题二 品格优势与美德

优秀的人一般有优秀的品格，发挥自身品格优势的人更容易获得幸福。积极心理学的品格优势与美德提供了一种科学系统实证的方法，能够帮助学生发现、培养自己的品格优势和美德。

主题三 积极关系

积极的人际关系能够带来生命中一切美好的东西。这一主题阐释人际关系的重要性、获得积极关系的方法等。就像积极心理学发起人之一的彼得森教授曾说的，如果用一句话回答积极心理学是什么，那句话就是"他人很重要"。

主题四 积极投入

福流是一种全身心投入的快乐体验，它有五个特点：全神贯注、物我两忘、驾轻就熟、点滴入心、酣畅淋漓。引导学生寻找生活中的福流体验，理解福流产生的条件，懂得如何在不同领域获得福流体验等问题。掌握福流体验的相关知识后，学生能够主动激发生活、学习、工作的兴趣，让幸福连绵不断。

主题五 积极意义

积极心理学认为人生就是不断创造幸福和意义的过

程。幸福就是有意义的快乐。正视意义，能够让学生在纷繁复杂的世界中找到自己的路，实现自己的价值。这种意义教育不仅是积极心理学的目标，更是人类社会发展和个体自我实现必须要面对的课题。

主题六 心理韧性

没有人能随随便便成功，幸福也是如此。苦难、挫折、伤害是如何变成一个人向前的动力的？这是很多学生喜欢从伟人自传中寻找的内容。苦难各不相同，越过苦难后的种种辉煌却告诉我们这一过程中的某种机制是相通的。心理韧性不是生而有之的品质，是可以通过训练获得的。

主题七 积极成就

积极成就乍一看就是成功，是让所有人都迫不及待想得到的。积极心理学并不仅仅关注眼前的成功，更关注长期的成功。培养成长型思维，进行刻意练习，培养坚毅品格，塑造积极心态，提高自我效能感，等等，这些都是让人不断成功的能力。

最后，送给大家积极心理学的发起人乔纳森·海特在《象与骑象人》中的一句话："爱和工作是幸福的源泉，是生命的意义。"

参与本书编写工作的人员均来自心理健康教育一线，在编写过程中，我们借鉴了积极心理学的经典活动和诸多研究成果，由于水平与能力有限，不足之处恳请广大读者不吝指正。

编 者

2021 年 5 月 1 日

目录

主题 一

积极情绪
——让你热烈绽放的那缕阳光

我们就像玉簪花，积极情绪就像是阳光，积极情绪让我们像花儿一样"开放"。我们能看到更多、想到更多、创造更多，和我们周围的人更和谐、更亲密。

——芭芭拉

你是欣欣向荣，还是衰败凋零，这完全取决于你内心由衷的积极情绪。积极情绪不是越多越好，消极情绪也不是越少越好。但要想获得幸福人生，你必须借助积极情绪的力量。积极情绪会扩展我们的思维和视野，建构帮助我们成功的各项资源。积极情绪为我们带来健康，让我们更加坚韧并抑制无端的消极情绪。最重要的是，我们可以通过学习品味美好、记录幸福等一系列小习惯的养成，让积极情绪伴随每一天。

模块1　案例导入

 案例

塞利格曼和女儿的故事

积极心理运动发起人、美国宾夕法尼亚大学教授马丁·塞利格曼教授曾经分享过他的一次经历。因为工作的关系，塞利格曼在实际生活中和孩子们并不算太亲密。有一天，他和五岁的女儿尼奇在园子里播种。因为有许多任务要完成，所以他很着急，只想快一点干完。可是尼奇却兴奋得不得了，把播种当成了游戏，不时地将种子抛向天空。塞利格曼生气地喊她，叫她别乱来。尼奇却主动跑过来对他说："爸爸，你还记得我五岁生日吗？我从三岁到五岁一直都在抱怨，每天都要说这个不好那个不好。可是，当我长到五岁时，我决定不再抱怨了，这是我从来没做过的最困难的决定。如果我不抱怨了，你可以不再那样经常郁闷吗？"

尼奇的话让塞利格曼产生了一种闪电般的触动，仿佛出现了神灵的启示。他太了解尼奇的成长，太了解自己和自己的职业。他认识到，是尼奇自己矫正了自己的抱怨。培养尼奇意味着看到她心灵深处的潜能，发扬她的优秀品质，培养她的力量。而培养孩子不是盯着她身上的短处，而是认识并塑造她身上的最强，即她拥有的最美好的东西，将这些最优秀的品质变成促进她们幸福生活的动力。

这一天改变了塞利格曼的生活。他过去的五十年都生活在阴暗的气氛中，心灵中有许多不高兴的情绪，但从那天开始，他决定让心灵充满阳光，让积极的情绪占据心灵的主导。之后，塞利格曼将这种关于人的优秀品质和美好心灵的心理学，定位为积极心理学。

积极情绪，即正性情绪，是指个体由于体内外刺激、事件满足个体需要而产生的伴有愉悦感受的情绪。积极心理学家芭芭拉认为"积极情绪是对个人有意义的事情的独特即时反应，是一种暂时的愉悦"，包括快乐、满意、兴趣、自豪、感激和爱等。快乐是指当情境被评价为安全的和熟悉的，或者事件被理解为个人目标取得进步和实现时而产生的情绪感受；满意是指被他人接受和关爱所引起的感受，如果情境被评价为安全的、高度确定的和需要低付出的，就会引起满意感；兴趣是指当个体技能知觉与环境挑战知觉匹配时产生的愉悦与趋近感，当情境被评价为安全的、新颖的和改变的、神秘的以及一种困难感时就会引起兴趣；自豪是当目标成功实现或被他人评价为成功时产生的积极的体验。

模块 2　活动设计

活动一：情绪测测测

请你根据自己情绪体验的状态在符合的选项上面画"√"。

	A	B	C	D
1. 我感到很愉快	经常	有时	较少	根本没有
2. 我对一切都是乐观向前看	几乎是	较少是	很少是	几乎没有
3. 我对原来感兴趣的事现在仍感兴趣	肯定	不像从前	有一点	几乎没有
4. 我能看到事物好的一面	经常	现在不这样了	现在很少	根本没有
5. 我对自己的穿着打扮完全失去兴趣	不是	不太是这样	几乎是这样	是这样
6. 我感到情绪在渐渐变好	几乎是	有时是	很少是	不是这样
7. 我能很投入地看一本书或一部电视剧	总是	经常	很少	几乎没有

计分标准：选 A 得 0 分；选 B 得 1 分；选 C 得 2 分；选 D 得 3 分。各项相加计算总分。

结果解释：良好情绪<9 分<不良情绪。

活动二：情绪接龙

◎活动目的

评测自己的情绪识别能力，了解不同情绪的功能。

◎活动材料

代表不同情绪的表情卡片（欢喜、愤怒、悲伤、恐惧、厌恶、爱）。

◎活动步骤

（1）将组员分为若干小组，每组 3~4 人，每组发一套代表不同情绪的卡片，各小组成员围成圆圈。

（2）情绪接龙：先从第一个小组开始，该小组称为表演组。小组成员商量选出一张代表情绪的图片，顺时针表演给下一组，其他组成员不能看。表演组的每个成员都要轮流表演，由第二组来猜表演组表演的是什么情绪。如果猜对了，即能识别出来，则本组表演成功，发给表演组一个笑脸以示鼓励。然后再由第一组商量后选出另一张（注意不要重复）情绪图片并展示给下一组看，然后再由下一组表演，这样就形成了组与组之间的情绪接龙。如果组数较少，可以采用多次循环的方式，直到所有图片上的情绪都被表演完成后，游戏方可结束。

（3）如果有的组表演完之后，其他组都没有猜出来，这时候需要公布答案，然后由表演组自选一个情绪表演给大家作为惩罚。

（4）在表演的过程中，老师要引导大家配合所表演的表情，体验此表情所带来的情绪感受。

回想日常生活中你体验到的不同情绪带给自己的感受是怎样的？

一次积极的情绪体验：

当时的感受：

一次消极的情绪体验：

当时的感受：

_____

教师总结：爱笑的人更幸福！真实的笑可以预测幸福。所有积极情绪共享一种表情符号，即迪香式微笑——嘴角上翘并伴有眼周肌肉收缩。美国心理学家的研究表明，迪香式微笑减少了人的痛苦而且使人能够更好地调整自己。在对女性情绪研究中发现，20~21 岁时的照片上有迪香式微笑的女性在 30 年后她们的人生会过得更如意、更幸福。许多研究也表明情绪表达对健康有显著的促进功能，特别是把积极情绪的内容写下来，如运用积极情绪词汇记录比较温和的压力和创伤，有利于个体面对压力和创伤，能够减少抑郁心境，增加积极心境。

活动三：他是怎么死的？

1965 年 9 月 7 日，世界台球冠军争夺赛在纽约进行。比赛开始后，参赛选手路易斯十分得意，因为他远远领先于其他对手，只要再得几分便可登上冠军的宝座。然而正当他全力以赴准备拿下比赛时，发生了一件意想不到的事：一只苍蝇落在了台球上。这时路易斯没有在意，只是一挥手赶走苍蝇，然后俯下身准备击球。可当他的目光落在主球上时，却发现那只可恶的苍蝇又落到了主球上。在观众的笑声中，路易斯又去赶苍蝇，他的情绪也受到影响。然而这只苍蝇好像故意和他作对，他一回到台盘，它也跟着飞了回来，惹得在场观众放声大笑，路易斯的情绪恶劣到了极点。他终于失去了冷静和理智，愤怒地用球杆去击打苍蝇，球杆却不小心碰到了台球，结果被裁判判为击球，从而失去了一轮机会。本以为败局已定的竞争对手约翰见状勇气大增，最终赶上并超过了路易斯，夺得了冠军，路易斯沮丧地离开了。第二天早上，有人在河里发现了他的尸体。

听完这个故事我想你肯定有话想说：

（1）整个故事中，路易斯经历了哪些情绪？

_____

_____

（2）路易斯为什么而死？

_____

_____

（3）故事对你有何启发？

_____

_____

教师总结：在罹患疾病（生理疾病和心理疾病）的人们身上能够发现大量的消极情绪。长时间的消极情绪除了会伴有焦虑症、抑郁症、恐惧症等心理疾病外，还会引发一些生理上的疾病，通常我们会用身体疾病来表达潜意识的内在冲突。心理问题躯体化是中国人的一个突出特征，其实是我们在用身体延续或诉说内心的疼痛。由此可见，消极情绪会使我们变得冲动或消极，也会让我们做出一些有悖于常理的事情，因此很多人认为消极情绪是不好的。你是否同意这一观点？

思考：生活中常见的消极情绪有什么意义？

消极情绪	存在的意义
悲伤	
愤怒	
恐惧	
焦虑	
……	

模块3 理论部分

积极情绪的功能

1. 积极情绪能够激发行动

研究认为，情绪是我们在进化过程中为了适应环境而被赋予或设置的，尤其是消极情绪（负性情绪），是我们在应对具有生存威胁的环境中逐渐进化而来的。在进化的阶梯上，消极情绪与特定行为密切联系，如愤怒生成攻击倾向、恐惧产生逃跑倾向、厌恶引发驱逐倾向等，这种特定行为对于应对危险和生存挑战是必需的。但对于积极情绪，一般研究认为并不伴随着特定行为，只伴有一般性情绪，如高兴、愉快等。尽管积极情绪不伴随特定的行为，不产生具体的行动，但积极情绪会产生一种一般的行动激活，即接近或趋近倾向，能够促进活动的连续性。在积极情绪状态下，个体会保持趋近和探索新颖事物，保持与环境主动的联结。但积极情绪并不只具有一般的活动激活倾向，同时也与特定的行动倾向相联系。

2. 积极情绪扩展认知范围

快乐、兴趣、满意等积极情绪能扩展个体的瞬间思维活动序列。消极情绪一般会缩小个体的瞬间思维活动序列，缩小个体的认知范围，让个体在当时的情境下只产生某些特定的行为，动员个体身体能量应对特定的环境挑战；而积极情绪却能在一般条件下促使个体冲破一定的限制而产生更多的思想，能够扩大个体的注意范围，增强认知灵活性，能够更新和扩展个体的认知地图。在成人与儿童的实验室任务和应用情境任务中，研究均表明积极情绪能提高人的记忆功能和提取更多的积极材料，使个体在解决问题时能够更加灵活、完整、有效地进行思考和判断。

3. 积极情绪建设个人资源

个人资源包括个体内的资源，如增强心理和生理恢复力，也包括个体间的资源，如增强社会联系等。积极情绪能够建设个体的心理资源，为个体的社会适应性准备了更为有利的条件，以提高个体的社会适应能力。另外，以积极情绪应对社会事件，为个体争取更加广泛的社会资源创造了条件，为密切社会联系创造了条件。从个体发展的角度来看，积极情绪对个体的健康成长也是非常重要的。在积极情绪的状态下，幼小个体会产生更多的游戏、探索行为，个体个人资源的自然增长是持续的。从进化的观点来理解，积极情绪下的游戏、探索，增加了幼小个体应对周围环境的能力，提高了幼小个体生存的机会。

4. 积极情绪的缓解作用

积极情绪对压力的缓解是通过实验得到验证的。研究者首先采用压力任务引发被试者的焦虑情绪，引起被试者的心率改变和血压升高等生理反应。接着让被试者随机观看四部电影片断，其中两部引发积极情绪（欢乐和满足），另一部不引发积极或消极情绪，即中性刺激作为控制条件，最后一部引发悲伤情绪。然后测量从看影片开始被试者的心血管活动恢复到准备演讲任务时的基线水平的时间。结果发现，观看引发积极情绪（欢乐和满足）影片的被试者的心血管活动恢复到基线水平的速度明显快于观看中性影片控制条件下的被试者，观看引发悲伤情绪影片的被试者的心血管活动水平恢复得最慢。同时，实验也发现，在观看悲伤的影片时，保持微笑的被试者比在观看影片时不微笑的被试者在影片结束后心血管活动水平恢复得更快。进一步的实验证明，积极情绪的缓解效应不仅表现在对于生理唤醒的缓解方面，同时也表现在对于消极情绪所造成的狭小的思维活动序列予以缓解，使得思维活动序列恢复到正常的水平，缓解消极情绪造成的紧张。

5. 积极情绪能够提高效率

积极情绪不仅对于个体的适应具有重要的作用，同时组织内成员的积极情绪对于一个组织来说也是非常重要的。组织内成员的积极情绪可以相互感染和传递，从而营造积极的组织氛围，激励组织中员工的工作绩效，提高组织的效能。

增加积极情绪的几种方法

1. 品味美好

品味是指体验以及放大某种积极体验的思想和行动。从时间的角度来看，品味分为过去、现在和未来三类。品味过去，回忆过去，重新体验那些快乐的事情可以让我们找回当时的快乐，重新体验当时出现的积极情绪。比如，你拿着相册，翻看以前留存下来的照片时，你会重新回忆起当时的美好画面，这种对过去美好记忆的重温，会让你获得快乐的积极体验。品味当下，活在当下，思考和从事能够强化和延长积极情绪的事情。品味未来，预期或是享受即将到来的积极事件，就可以体会到满心的欢喜。

品味可以采取的形式则是多种多样的，包括跟他人分享、祝贺自己、沉浸在当下、细数自己的幸运、翻看旧照片、书写过去美好的事情等。这些不同形式的品味，可以让我们体验积极情绪以及放大和延长我们的积极体验。

2. 数数福气（三件好事）

数一数今天发生的好事情并记录下来，记录当时发生了什么事以及感受，可以记录三件，也可以记录更多件。这些好事可以是被选为社团主席、自考一次通过、专升本成功、获得奖学金、在技能大赛中获得一等奖等诸如此类的大事，也可以是日常生活中常见的小事，比如读到一本好书、吃到一道好菜、听到一个朋友的好消息、在公交车上有人为你让座，等等。研究证明，每天写下发生在自己身上的三件好事，能够提升我们的幸福感，让我们关注事物的视角发生积极转变。

3. 冥想

冥想能够让我们平静下来、慢下来，从而可以更好地觉察和体验到自己的情绪。芭芭拉做过一个实验，把一群被试者随机分为两组，实验组在固定时间做善爱冥想（想象别人对你的善良和爱），对照组则什么也不做。在长达八个星期的时间里，实验组成员的积极情绪持续上升，而对照组的积极情绪基本上没有变化。芭芭拉解释，这是因为善爱冥想能够提升人的积极情绪，从而让他们构建更多的心理资源，提升幸福感。推荐大家可以从呼吸冥想开始。呼吸冥想是把注意力放在呼吸上，如果走神了也没有关系，再将注意力轻轻地拉回来即可，秘诀就是接纳自己的状态，即使是无聊、焦虑，也不要试图消除摆脱。

4. 保持和他人的联结

在新冠肺炎疫情期间，人们依靠微信、QQ 等方式与他人保持联系。虽然会感到庆幸，在非常时期我们还能够通过视频和朋友们联系，然而这种与人联结的方式和面对面接触相比还是有很大的距离。另外关于触觉方面的科学研究发现，人类渴望彼此间身体的接触，这是微信等社交媒体无法实现的。在生活中，我们要抽出更多的时间与自己爱的人在一起，并且毫不吝啬地对他们表达爱意，和他们一起分享彼此的经历，这会带来情感的高峰体验，享受真正在一起的感受，这些行为带来的积极情绪可以让人振作。

5. 助人为乐

积极心理学的所有研究都证明利他行为是获得幸福的不二法门。关注他人会减少自己的忧虑和压力，帮助他人会使我们保持心理健康，同时也会使受助者心情愉悦。我们的幸福并不依赖于消费品，研究发现善良和慷慨比购物更让我们快乐。人们经常低估了利他行为给自己带来的幸福感，但这就是事实。

6. 感恩的心

我们应该表达感恩之心，将善意传递下去。即使是简单地说一句"谢谢"，也能够有利于增进"善意"的氛围。感恩之心不仅要向英雄们表达，也要向所有让我们感到快乐幸福的人、事表达。表达感恩之情不仅使我们感觉良好，也会激发接受者和旁观者的善良和慷慨，创造良性循环，而且真诚的感恩是人际关系和社会建设的首要凝聚力。我们所有人必须牢记：表达感恩之情有助于建设一个更友善、更具同情心的社会。

7. 保持乐观的心态

科学家在研究负面情绪和疾病之间的关系后发现，乐观与身体健康、生活满意、未来发展等具有积极正向的相关性。首先，乐观能让免疫系统更强健。人的免疫系统与大脑相连，而心理状态又跟大脑的状态相关。心理学家玛里达·福尼尔对800余名被试者进行回溯研究并发现，乐观者的平均寿命比悲观者长19%。其次，乐观能使人保持良好的健康习惯。一项对100名哈佛大学毕业生35年的追踪研究发现，悲观者比乐观者更不容易戒烟，且更容易生病。再次，乐观的人拥有更多的社会支持。每个人都喜欢和积极乐观的人交往，他们就像太阳，能将周围的人照亮。最后，乐观的人离"好事"更近。统计显示，一个人在某段时间遇到的坏事越多，他就越容易生病。悲观者较少主动采取行动来避免不好的事发生，而且在事情发生后也较少采取行动来止损，因此在他们身上发生不幸事件的概率比一般人高；而乐观者更多地采用"以问题为中心"的策略来调整情绪、解决问题，在积极的心态、健康的生活方式、广泛的社会支持的综合影响下，乐观者比悲观者更容易远离坏事的侵袭。

模块4 强化练习

活动一：回味你曾经感到非常幸福的时刻并详细描述，全心·全意地体会积极情绪。

当时的纪念品（照片、奖状等物品）：

_____

_____

_____

当时的积极体验：

_____

_____

_____

与他人分享：

_____

_____

_____

活动二：助人者快乐还是被助者快乐？

要求：出乎别人意料地助人，感受在这个过程中你和被帮助者所体验到的积极情绪。

活动三：情绪测评

1. 抑郁自评量表（SDS）

本评定量表共有 20 个题目，在自评者评定之前，一定要清楚整个量表的填写方法及每个问题的含义，然后作出独立的、不受他人影响的自我评定。必须仔细阅读每一条目，然后根据最近一星期内的实际感受，选择一个与自身情况最相符的答案。不要花费太多的时间去思考，要根据第一印象作出判断。

注意：测验中的每一个问题都要回答，不要遗漏，以避免影响测验结果的准确性。

	偶有	有时	经常	持续
1. 我觉得闷闷不乐，情绪低沉				
*2. 我觉得一天中早晨心情最好				
3. 一阵阵哭出来或觉得想哭				
4. 我晚上睡眠不好				
*5. 我吃得跟平常一样多				
*6. 我与异性密切接触时和以往一样感到愉快				
7. 我发觉我的体重在下降				
8. 我有便秘的苦恼				
9. 我的心跳比平常快				
10. 我无缘无故地感到疲乏				
*11. 我的头脑和平常一样清楚				
*12. 我觉得经常做的事情并没有困难				
13. 我觉得不安而平静不下来				
*14. 我对未来抱有希望				
15. 我比平常更容易生气、激动				
*16. 我觉得做出决定是容易的				
*17. 我觉得自己是个有用的人，有人需要我				
*18. 我的生活过得很有意思				
19. 我认为如果我死了，别人会生活得更好				
*20. 平常感兴趣的事我仍然感兴趣				

记分标准：

若为正向评分题，依次评为1、2、3、4分；反向评分题则评为4、3、2、1分（带＊为反向评分题）。评定结束后，把20个项目中的各项分数相加，即得总粗分（X），然后将粗分乘以1.25以后取整数部分，即为标准分（Y）。

结果解释：

SDS标准分的分界值为53分，其中53~62分为轻度抑郁，63~72分为中度抑郁，73分以上为重度抑郁。

2. 焦虑自评量表（SAS）

本评定量表共有20个题目，在自评者评定以前，一定要清楚整个量表的填写方法及每个问题的含义，然后作出独立的、不受任何人影响的自我评定。评定的时间范围是自评者过去一周的实际感觉。自评者不要漏评某一项目，也不要在同一个项目上重复评定。

	偶有	有时	经常	持续
1. 我觉得比平常容易紧张和着急				
2. 我无缘无故地感到害怕				
3. 我容易心里烦乱或觉得惊恐				
4. 我觉得我可能将要发疯				
＊5. 我觉得一切都很好，也不会发生什么不幸				
6. 我手脚发抖、打颤				
7. 我因为头疼、头颈痛和背痛而苦恼				
8. 我感到容易衰弱和疲乏				
＊9. 我觉得心平气和，并且容易安静坐着				
10. 我觉得心跳得很快				
11. 我因为一阵阵头晕而苦恼				
12. 我有晕倒发作或觉得要晕倒似的				

续表

	偶有	有时	经常	持续
*13. 我呼气、吸气都感到很容易				
14. 我手脚麻木和刺痛				
15. 我因为胃痛和消化不良而苦恼				
16. 我常常要小便				
*17. 我的手脚常常是干燥温暖的				
18. 我脸红发热				
*19. 我容易入睡，并且一夜睡得很好				
20. 我做恶梦				

记分标准：

若为正向评分题，依次评为1、2、3、4分；反向评分题则评为4、3、2、1分（带*为反向评分题）。与SDS一样，20个项目得分相加即得粗分（X），然后用粗分乘以1.25以后取整数部分，即为标准分（Y）。

结果解释：

SAS标准分的分界值为50分，其中50~59分为轻度焦虑，60~69分为中度焦虑，69分以上为重度焦虑。

模块5 拓展阅读

实用的培养积极心态的方法

国际积极心理学会中国理事、清华大学社会科学院院长、心理学系主任彭凯平教授提出了中国人培养积极心态的"五施模型"——颜施、身施、言施、心施、眼施。

1. 颜施——多笑

笑是人类天生的本领。小孩出生后四个星期，就会自发地露出笑脸，但是当今的成年人似乎逐渐失去了微笑的本能，工作生活中的假笑越来越多。比如下面的图哪个是真诚微笑？

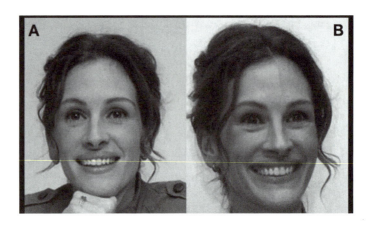

答案是B，因为眼角肌露出了鱼尾纹。

在生活中，我们可以多练习迪香式的微笑，露出鱼尾纹，给自己和他人笑脸，这样不但可以提高个人魅力与感染力，同时也可以给自己一些积极正向的激励。

2. 身施——多动

人们在生活中通过运动、触摸、闻香气、听音乐等活动都可以产生积极情绪。

（1）运动可以激发活力。运动中产生的神经化学递质可以使大脑分泌内啡肽，它能够解除肌肉疲劳，让人心情愉悦。

（2）闻香使人幸福。闻好闻的香气可以刺激身体产生化学反应，影响产生情绪反应的感官系统。

（3）触摸产生爱意。生活中与人积极的接触，如握手、拥抱、拍肩等，可以使人开心和愉悦。

（4）乐于助人。助人为乐时，助人者的大脑会分泌快乐激素——催产素与血清素，它可以使助人者心情愉悦和放松。平时力所能及地给予他人一些帮助，也可以给自己定向的积极反馈。

3. 言施——要说

人类是唯一会说话并能交流丰富感情的动物，所以沟通交流不仅仅是信息的传递，还有情感的传递、意念的传递、思想的传递，以及未来友好关系的传递。多对他人进行善意的夸奖，也能得到正向的反馈。

美国心理学家 Losda 通过调查成功的企业发现，它们往往采用 5:1 的比例去做日常工作交流，即 5 句好话配 1 句批评建议的话。一味地夸奖和过多的批评都是不好的，要掌握一定的配比才能起到更好的效果。同样，我们也可以有意识地这样做，让别人愉悦地获得更好的工作状态，同时也会激发自己。

4. 心施——多悟

心施是指福流体验，人们在做自己喜欢的事情时更容易获得福流体验，感受到幸福。那么，怎样判断什么是福流体验呢？它有以下几个特征：

（1）全神贯注（注意力集中）；

（2）物我两忘（自我意识、空间意识、时间意识的暂时性消失）；

（3）驾轻就熟（对活动有完全的掌握和控制）；

（4）点滴入心（体验过程能感受到活动的精确回馈）；

（5）酣畅淋漓（发自内心、积极主动地参与活动）。

全神贯注地投入一件事时，会进入一种物我两忘的境界，完全享受这件事情。那么，做什么样的事情能够产生更多的福流呢？答案有很多，比如培养爱好、学会去爱、享受工作等。

5. 眼施——多观察

现如今，为生活和工作奔波的人们很容易身心俱疲，有时要记得停下来，多思考自己的人生方向、自己想要的是什么、有没有更好的实现方法；更重要的是，停下来去发现生活中的美好事物，用新的领悟、新的发现、新的感触、新的感动，给自己充电赋能。

书籍推荐

清华大学心理学系主任彭凯平教授结合二十余年的心理学研究实践，对比了中西方文化看待幸福的差异性，为当下的中国人重新解读了幸福。幸福并不是简单的生理满足，也不依附于攀比和财富。幸福是一种有意义的快乐，而这种意义来自于我们的工作、爱情、婚姻、人际交往、亲子等人生课题中的创

造和收获。彭凯平教授用理性思辨的语言和丰富接地气的实验案例，揭开了关于幸福的六大谜题和28条法则。他还专门提出了应对挫折的独门绝招"五施模型"，通过刻意练习这五个简单的行为，你就能从日常小事中持续获得幸福。

相对于有关消极情绪的丰富研究，积极情绪的分类、识别和功能却由于研究的零散性和测量技术的局限性而长期止步不前。弗雷德里克森教授作为致力于积极情绪研究的先驱，在十几年间通过一系列针对积极情绪在身心健康状况、韧性、创造性、社会关系、社会偏见、危

机应对以及生理和神经活动等方面的交互验证和实证研究，为积极情绪在分类、测量和功能界定方面奠定了基础，为积极情绪与消极情绪的动态系统建立了初步的数学模型，并以拓展和建构理论为积极情绪的研究提供了一个统一的理论框架。尽管实证研究本身是思辨、技术、符号和数据的高度整合与提炼，但作者在《积极情绪的力量》一书中，细心地将清冷的科研成果揉入温暖的生活实例当中，将自己人生的感悟、事业的跌宕起伏与积极情绪螺旋上升的动态模型巧妙结合、娓娓道来，让读者在层层的共鸣、感慨和回味中品尝到积极情绪的馈赠。

电影推荐

在主人公莱莉的脑海中，有一个色彩斑斓的童趣世界，这里住着五个形态各异的小人，他们掌管着莱莉的各种情绪。金色小人乐乐掌控着莱莉快乐的情绪，她的任务是让莱莉时刻保持乐观、无忧无虑的心情，把所有困难当成挑战，把所有不幸当成

《头脑特工队》海报

幸福来临的征兆。蓝色小人忧忧掌控着莱莉的忧伤情绪，虽然忧忧也想帮助大家保护莱莉，可是大家都觉得忧忧没有什么用，只会捣乱，有时候忧忧也觉得最好的事就是躺在地上大哭一场了。红色小人怒怒掌管着莱莉的愤怒情绪，他是隐性的，脾气暴躁不好惹，他总是在莱莉遭受到不公平待遇时特别激动，一定要为莱莉讨回公道。绿色小人厌厌掌管着莱莉的厌恶情绪，她很高傲固执，她的任务是让莱莉时刻保持谨慎，保护莱莉的身心不受毒害。紫色小人怕怕掌管着莱莉的害怕情绪，他总是非常胆小，认为周围一切都是陷阱，他的任务就是保护

莱莉的人身安全。莱莉在十一岁时进入青春期，她的情绪世界失控了，乐乐和忧忧迷失在了长时记忆里，为了帮助莱莉恢复正常，乐乐和忧忧一起踏上了回归之旅，面对途中的各种危机，乐乐看到了真实的莱莉，忧忧看到了自己的价值，莱莉回到了正常的成长轨道。

生活本就是交织着各种各样的情绪的，不管是快乐还是悲伤，都有其存在的意义。不要过分地去压抑某种情绪，不如尝试着去接受、包容、理解每一种情绪。各种情绪都存在的人生才是有滋有味的。

冷漠先生如何冷漠？在一座城市里住着一位出了名的 MR. INDIFFERENT（冷漠先生），他一直都把手插在裤兜里，一脸的"生人勿近"的形象，对身边的人和事都漠不关心，面对生活中的任何小事，即使是伸手就能解决的，他都视而不见。但是真

《冷漠先生》海报

实的情况是冷漠先生其实并不冷漠！当老奶奶需要帮助过马路时，自然地拉住他的手，他居然做到了帮助他人，任由老奶奶挽着自己的手慢悠悠地过马路。其实冷漠先生的内心也很无助，他孤独一人，很多事情都只能靠自己解决。他的内心想要获得别人的认可，自己也不想那么孤独，也愿意帮助别人，但是他却不知道怎样去做。经历过扶老奶奶过马路的事情后，冷漠先生开始主动去帮助别人：在沙滩捡垃圾，在孤儿院、敬老院都能看到他的身影。短片结尾时，当他在相同的路口遇见了另外一名和他以前一样外表冷漠的路人时，也如老奶奶一样去帮助他踏出第一步，跳出冷漠的怪圈，拒绝冷漠，传递爱心。相信现实生活中爱心也是会传递的！

主题二

品格优势与美德
——托起幸福的基石

树高者鸟栖之，德厚者士趋之。

——[西汉] 刘向

幸福是生活的目的，美德是幸福的基础。

——[美] 托马斯·杰弗逊

积极心理学关注人的自我实现，认为自我实现存在于人的优势与美德之中。《大学》有云："大学之道，在明明德。"人生的过程就是要挖掘出这些"德"，使之"明"朗于天下。一个人如果能够发现自己的人性之"美"、性格之"德"，再加以时间和精力培养成自己的优势，就能够达到自我实现。

模块1　案例导入

 案例

2019 感动中国十大人物：
张富清——初心·自慷慨

【颁奖辞】都知道你朴实勤勉，却不知你曾战功赫赫。你把奖章深藏在箱底，对战友的怀念深藏心底。从不居功索取，只为坚守使命初心，默默

奉献。于国于民，你是忠诚伟大的士兵。

　　张富清，男，汉族，1924 年 12 月出生于陕西省汉中市洋县，1948 年 3 月参加中国人民解放军，1948 年 8 月加入中国共产党，1955 年 1 月转业到湖北省恩施土家族苗族自治州来凤县，先后在城关粮油所、县粮食局、县纺织公司、三胡区、卯洞公社、县外贸局、县建设银行工作，1984 年 12 月离休。

　　2018 年 11 月，湖北来凤县退役军人事务局采集信息，一

位退役老兵的物品震惊了现场所有人，红布包裹一层层打开，人们发现94岁的退役军人张富清，竟然是一位战功显赫的人民功臣。

点评：张富清在解放战争的枪林弹雨中九死一生，先后荣立一等功3次、二等功1次，被西北野战军记"特等功"，2次获得"战斗英雄"荣誉称号。新中国成立后，他响应国家号召主动到偏僻的湖北来凤县工作，为贫困山区奉献一生。60年来，张富清刻意尘封功绩，连儿女也不知情，体现了他的淡泊名利、甘于奉献、一心为公、敢于担当……的品格优势。

模块 2 活动设计

活动一：优势品格测评

清华大学积极心理学研究中心根据中国文化和中国人的性格特点，自主研发了最新的中国人性格优势调查问卷，请扫描二维码进行测量。【链接：www.wjx.cn/jq/42667522.aspx】（请将你的答题结果截图保存！）

每个人的优势品格都会在生活中不止一次地出现，请写下你的五个优势并分享相关事件。

1. _____

2. _____

3. _____

4. _____

5. _____

活动二：绘画优势品格树

步骤1：请设想一下，你正沿着一条路走，突然发现前方有一棵很特别的树。这完全是你个人的一棵树，上面挂满了标志着你特别的能力和优势的硕果。仔细用心地观察它，它是怎样的？用彩笔画出"我的优势品格树"，不同的优势品格可以选用不同颜色的果实来表示。

步骤2：共同展示"我的优势品格树"，教师引导学生善于接纳和欣赏不同的作品，切忌诋毁作品。我们每个人身上都蕴藏着一个巨大的宝藏，里面藏着我们的优势和潜能。这些优势是否得到了充分的发展？它们到底对自己产生了哪些重要影响呢？（讨论）

活动三：积极介绍

1. 积极的自我介绍（发现自己的优势）

讲一件发生在自己身上的事，要求事件能够表现出你的品格优势和美德。这件事可以是一个成就，比如赢得了一项比赛、获得了一个奖项、拿下了一个很难拿到的项目、完成了一个很难做的任务等；也可以是你展现了某一项美德，比如帮助了别人、激励了别人、在诱惑面前坚守了自己的原则、在压力之下能够坚持不懈的努力等。讲完之后，再加一句："这件事体现了我的×××优势。"

2. 积极的他人介绍（发现他人优势）——优势榜样

只发现自己的优势还不够，我们还要能够发现别人的优势。这里有两种方法：第一，是从优势到人，即什么样的人是特别能够展现某项优势的榜样，可以是名人，也可以是身边的人。第二，是从人到优势，你想到的一个人，他有什么样的优势，可以是名人或者身边的人。介绍他最闪光的一件事，并总结这件事体现了他的哪几种优势（至少三个）。

积极的自我介绍	积极的他人介绍
1.	1.
2.	2.
3.	3.

模块3 理论部分

品格优势与美德理论

积极心理学的发起人塞利格曼认为积极心理学要研究人生的蓬勃发展。人生的蓬勃发展包括五个方面：积极情绪、投入、人际关系、人生意义和成就。支撑这五个方面的重要基础是品格优势和美德。彼得森和塞利格曼经过调查研究，将人类的个人优势分为24项品格优势，分属于6大类别。

（图片来源：马丁·塞利格曼——《持续的幸福》）

（图片来源：塞利格曼和彼得森《优秀品质和美德：手册与分类》）

1. 智慧——使获取和应用知识成为必要的认知品格优势

创造力，或独创性、原创力：
运用新奇和有效的方法来实践，
包括但不仅限于艺术成就。

好奇心，或兴趣、寻求新奇、
对体验开放：对当前体验过程本
身感兴趣；找到引人入胜的主题
和论题；开拓与发现。

思维开放性，或判断力、批判性思考：全方位地考虑问
题；不急于下结论；能够依照事实证据调整思路；公平衡量所
有证据。

好学：自发地或者认真地学习新技能和知识，这点和好奇
心有很强的联系，重点在于系统地扩充自己的知识。

洞察力，或智慧：能够给他人明智的忠告；能够以一个对
自己和别人都合理的方法来观察和诠释世界。

2. 勇气——展现意志以完成目标和面对内外部对抗的情感
品格优势

勇敢，或英勇：不屈服
于威胁、挑战、困难或者痛
苦；在自己的观点只有少数
人支持的时候也能据理力
争。

坚韧，或毅力、勤奋：
善始善终；即使存在障碍，
依然坚持不懈；执行力强；
能够完成任务。

正直，或真实、诚实：坚持真理，诚恳真挚；不虚伪；对
自己的情绪和行为负责。

活力，或热情、富有激情、充满活力、有能量：积极地对
待生活；不半途而废或者三心二意；以探险的心态面对生活。

3. 人道——对他人友善和帮助他人的人际品格优势

爱：珍惜和他人的亲密关系，特别是相互关爱、分享；亲近他人。

善良，或慷慨、培育、关照、同情、利他、友善：做善事；帮助他人；照顾他人。

社会智能，或情商、人际智能：了解自己和他人的动机和情感；在不同的社交情景下举止得体；明白如何让他人认同。

4. 公平——作为健康的社会生活基石的公民品格优势

公民精神，或社会责任、忠诚、团队合作：作为团队成员，努力工作；对团队忠诚；按时完成自己的任务。

公平：以公平和公正的态度对待所有人；不会让人感觉到对他人有偏见；给予每个人平等的机会。

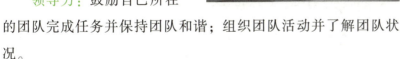

领导力：鼓励自己所在的团队完成任务并保持团队和谐；组织团队活动并了解团队状况。

5. 节制——使我们不过度的品格优势

宽恕和慈悲：宽恕做错事的人；接纳他人的弱点；给他人第二次机会；不报复。

谦卑/谦逊：不因自己的成就而骄傲；不炫耀；不认为自己比别人特殊。

审慎：对自己的选择谨慎；不过分冒险；不鲁莽行

事。

自我规范，或自我控制：规范自己的情感和行为；自律；控制自己的饮食和情绪。

6. 超越——锻造我们同宇宙更广泛的联结和给生命带来意义的品格优势

欣赏美和卓越，或敬畏、惊喜、崇敬：欣赏生活中美丽的风景，并且培养生活多领域（自然、艺术、数学、科学和日常生活各个方面）的杰出技能。

感恩：感激美好事物的发生；花时间去表达感激和感恩。

希望，或乐观、前瞻、未来取向：规划美好的未来并努力去创造；相信可以生活得更美好。

幽默，或游戏感、玩心：经常微笑和开玩笑；为他人带来欢笑；看到光明的一面。

信仰：对生活的意义，对更高的目标拥有坚定一致的信念，并能将这种信仰付诸实践。

如何发现自己的品格优势与美德

每个人都有自己的品格优势与美德，可以根据以下标准进行识别。

第一，经常呈现。

第二，有价值。品格优势有利于自己和别人的幸福和成长。

第三，具有道德价值，而不是具有间接的工作价值。优势本身就有价值，并不需要用实际好处来衡量。它们本身就是最终的目标，而不是我们为了达到其他目标的一个暂时的手段。

第四，稳定的心理特质。优势是一种心理特质，它稳定地存在于一个人的身上，并且个体在不同的情景中都会显现出这种特质。

第五，不妨碍别人，让别人敬仰。一个人的优势并不会妨碍其他人，而是会激励和促进其他人进步。当你发挥优势时，别人不会嫉妒你，而是会敬仰你。

第六，社会提倡的。所有 24 项优势不仅仅是在学校里提倡的，而且也是社会提倡的，比如善良和爱、勇气、领导力等。

第七，有先天成分，但必须要通过后天的努力才能获得。所有这 24 项优势都可以让人们通过后天的努力有意识地培养和训练获得。任何一个人，只要他愿意付出努力，采取正确的方式方法，就一定可以提升自己的优势。

第八，具有普适性。24 项品格优势和美德适用于所有文化，而不仅仅只适合于西方文化。

提高品格优势的方法

1. 品格测量

积极心理学认为，每个人都拥有多种品格优势，只是不同的人在每项品格上的强度不同。测量品格能够把个人的品格优势按照强度排列出来，排名最靠前的优势是最强优势，剩下的就是标志性优势。标志性优势能够折射出个体的价值观，反映个体的情感。

2. 在不同的领域发挥优势

很多情况下，个人在某个领域的优势可以迁移到其他领域并获得成就体验。比如一个人的优势是创造力，他就可以运用创造力优势带领孩子进行玩具拼搭，创造力优势不仅在他的工作学术领域中发挥最大的作用，也可以转移到育儿领域中。所以，每个人都应尝试把自身某领域的优势发挥到另一个领域中，同样也能够发挥出色作用。

个人在发挥优势时更容易投入活动中去，同时也可以提升自我效能感。优势能让人更有掌控感和认同感。盖洛普公司曾有一项研究发现，如果鼓励员工发挥自己的优势，那么他们的工作投入度就会比对照组高一倍以上。这项研究提醒人们在选择职业时，应该选择能够展现自身优势的行业。

3. 优势充电

用优势给劣势任务消耗的心理能量充电。当人们在做不喜欢的事时，会消耗自己的心理能量，当能量消耗尽时，人就会失去控制。这时可以做一些能够发挥自身优势的事，给自己的心理能量充电。

4. 用优势把不喜欢做的事变成喜欢的事

首先进行发散性思考，即想一想不喜欢的这件事情有哪些特点，然后进行发散性思考，把它们和你的标志性优势联系起来，这样就可以用优势来做这件不喜欢的事了。

5. 优势对话

优势对话是指两个人或更多的人在一起表达、描述自己的优势，同时欣赏自己的优势和别人的优势，大家可以一起设计活动，一起发挥自身的品格优势。

让我们一起来试一下吧！

模块4 强化练习

活动一：优势对话

　　和你的家人、同学、朋友一起进行优势对话的练习，找出自己的品格优势，通过具体的事件呈现各自的优势，在相互的肯定和欣赏中提高自信，促进彼此之间的良好关系。

活动二：创造力练习

1. 巧搭火柴棍

　　活动目的：通过火柴棍游戏变换算式或变换图形，培养学生的观察能力、形象思维能力及创造能力。

　　（1）下面的算式是错误的，请移动1根火柴棒变成正确算式。

$$| + | + || = |$$

　　（2）如下图所示，9根火柴棒搭成3个三角形，请移动其中3根搭成5个三角形。

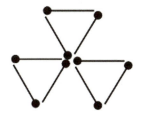

　　（3）下图所示为一个"小鱼"形状：

①请你移动两根火柴棒，使小鱼变成头朝上或头朝下。

②请你移动三根火柴棒，使小鱼变成头朝右。

（4）下图所示是用 12 根火柴棒组成的四个同样大小的正方形，请你移动三根火柴，使原图变成三个同样大小的正方形。

2. 巧解绳套

将全体参与同学分为若干小组，每组 10 人左右，然后推选出两名小组参赛选手，发给每个小组参赛选手各一条两头有绳套的绳子。

系绳方法：

（1）参赛选手甲将手中的绳子与乙手中的绳子交叉。

（2）参赛选手分别将两端的绳套套在自己的两只手的手腕上。

（3）在不解开且手部脱离绳套的情况下，两人将交叉的绳子分开。

模块 5 拓展阅读

24 项积极心理品质的品质目标（特征）及可操作行为

	积极品格	可操作行为	品质目标（特征）
智慧	1. 创造力	1. 总是有新的方法和想法，比如创新和奇怪的东西。 2. 总有很多有创意的想法，认为自己很有创造力。 3. 通常会有不同而新颖的方法，经常以不同的方式做事，比如学习做不同的事情。	1. 喜欢用非传统的方式思考和做事。 2. 聪明，敏感，机智，善于类比推理。 3. 对事物有自己独特的看法，一旦有了目标，就会用创新和适当的行动来实现这个目标。 4. 能够自由工作，灵活运用知识和经验，并能提出新的方法和想法。 5. 喜欢从事发明、创造和创新活动。
	2. 好奇心	1. 喜欢问问题，对各种事情都很感兴趣。 2. 对原因和结果保持好奇，总是想知道更多。 3. 有很多关于事物的问题，对不熟悉的人、事、物保持好奇心。	1. 总是想知道更多的东西。 2. 没有偏见，对任何事情都抱有开放的好奇心和兴趣。 3. 爱问问题，爱研究。 4. 求知欲强，对新事物敏感，愿意探索。

续表

积极品格		可操作行为	品质目标（特征）
智慧	3. 开放的思想	1. 喜欢用不同的方法解决问题。 2. 在做决定时，考虑每个选择的利弊。 3. 愿意听取并征求他人的意见，在做决定之前，考虑各种可能性。 4. 可以经常想出别人能接受的解决问题的方法。	1. 多角度、多层次地考虑问题，不要妄下结论。 2. 能够通过证据找到解决问题的关键点。 3. 会仔细考虑一切事物中的一切因素，不轻易否定自己。 4. 擅长逻辑思维和灵活性。
	4. 热爱学习	1. 学到了新东西会很开心。 2. 自学和自律的思考。 3. 每当有机会学习新东西，都积极参与。 4. 在学习新知识的时候，总是废寝忘食，并可以找到相关的资料。 5. 是一个勤奋的人。	1. 喜爱学校，喜欢上学。 2. 爱书，喜欢读书。 3. 善于从报纸、电视、网络等媒体中获取信息，喜欢逛博物馆之类的地方和任何有学习机会的地方。 4. 善于从日常生活中学习知识、掌握技能、增长知识、积累经验。 5. 对新事物感兴趣，积极地去接近和接受新事物。 6. 自学能力，而不是因为一些外界的压力或者诱惑。

续表

积极品格		可操作行为	品质目标（特征）
智慧	5. 有视野（洞察力）	1. 即使在困难的情况下，也能作出正确的判断。 2. 可以对事情进行优先排序。 3. 善于找到解决冲突的方法。 4. 朋友们通常在做重要决定前向我征求意见。 5. 人们说我很聪明。 6. 通常知道自己的感觉以及为什么会这样。 7. 很少做出错误的选择。	1. 非常聪明，善于透过现象看到本质，能清楚地看到事实，解释真理，找到意义。 2. 能够准确判断事物的方向，善于理解和解决生活中重要而复杂的事情。 3. 准确体贴。 4. 善于处理重要而复杂的事情。 5. 善于帮助别人分析和解决问题，能给别人提供明智的建议。
勇气	6. 真诚	1. 遵守诺言，实事求是。 2. 不会为了摆脱麻烦而撒谎。 3. 人们相信我说的话和我做的事。 4. 如果做错了事，我会承认，即使很尴尬。	1. 真诚，不虚伪。 2. 真实开放，不隐藏想法。 3. 真诚诚实，不说谎和欺骗人。 4 真诚正直，对自己的感受、言行负责。 5. 真实的需求和感受是不会被误解的。

续表

积极品格	可操作行为	品质目标（特征）
勇气 7. 勇敢	1. 如果看到有人受到不公平的对待，我会帮助他们并为他们辩护。 2. 只要是对的事，即使别人不接受，也要有勇气去做。 3. 当有人被欺负时，我可以帮助他们。 4. 即使感到害怕，我也会为正确的事情挺身而出，敢于与恶霸较量。	1. 在挑战、威胁、挫折和痛苦面前绝不退缩。 2. 在危险和困难面前，即使害怕，我也有足够的勇气去面对它们。 3. 当遇到重大事件或顽疾时，我能够泰然自若地应对，甚至乐观、阳光地面对。 4. 为正确的事辩护，即使有人反对。 5. 即使不被大多数人支持，也依然坚定信念。
8. 坚持	1. 会坚持完成某一项任务，直到做完为止。 2. 如果任务太困难，我也不会放弃，即使我不想完成，该完成的工作我还是会完成。 3. 做事都会尽力，即使失败了，我也不放弃。 4. 说话算数并有耐心。 5. 一旦订下了锻炼或学习计划，我就会坚决执行。	1. 言必行，行必果。 2. 无论是怎样的工作，我都会尽力并准时完成。 3. 接纳有挑战性的工作，有信心并能完成它。 4. 勤奋、用功，有耐心，做事锲而不舍。 5. 做事时不分心、有恒心，在完成工作的过程中获得成就感和满足感并感到愉快。

续表

积极品格		可操作行为	品质目标（特征）
勇气	9. 热情	1. 非常热心，无论做什么都会很有兴趣。 2. 善于处理人际关系。 3. 总是感到精力充沛。 4. 很容易与别人亲近。 5. 认为生命是令人激动的。	1. 乐观地面对一切事物，做每件事情都带着激情和灵感，这种热情状态很富有感染力。 2. 做任何事情都积极主动、兴奋。 3. 精力充沛，无论做什么都会全心全意、竭尽全力，不三心二意或半途而废。
人道	10. 友善	1. 朋友不开心的时候，会聆听和安慰。 2. 当知道有人生病或遭遇困境时，会为他们担心。 3. 当他人有困难时，会关心他人，经常帮助别人。 4. 对人一向友善和仁慈，有人遇到困难时，即使很忙，也会尽最大的努力去帮助他们。	1. 有善心，与人为善，常常为别人着想。 2. 有同情心，理解别人，关心别人，经常主动帮助别人，从中得到快乐。 3. 对别人仁慈和宽宏大量。

续表

积极品格		可操作行为	品质目标（特征）
人道	11. 爱	1. 常常有被爱的感觉，无论我的家人做了什么，我都爱他们。 2. 当需要跟人聊天时，我总能找到能够聊天的人。 3. 即使我和家人发生争执，我也仍然爱他们。 4. 对那些伤害过我的人，我也不愿意看到他们过得不好。 5. 我会与朋友或家人分享自己的感受。 6. 我经常对朋友和家人说我爱他们。 7. 当我遇到困难时，身边会有人帮我。	1. 珍惜与别人的亲密关系，特别是那些互相分享和关怀的关系。 2. 拥有去爱和被爱的能力，那些给你最亲密感觉的人，他们同样感到跟你最亲密。 3. 内心拥有爱，同时自己也能被别人接纳、喜欢、亲近、需要。
	12. 社会智能（社交智力）	1. 在大多数社交场合中，我的谈吐和举止都十分得体。 2. 知道该说些什么才会让别人感觉舒服。 3. 知道应该怎么做才能避免与别人发生矛盾。 4. 善于结交新朋友。 5. 一般不会在无意中惹恼别人，无需多言也能知道别人需要什么。 6. 当朋友们发生争吵后，我善于帮他们处理关系。	1. 能够了解和理解自我，准确地找到自我定位，知道如何做能适应不同的社会情境，能充分地把自己的优势和兴趣发挥出来。 2. 了解和理解他人的动机和感受，接受别人的思想和情感，很容易识别他人心情的变化。 3. 主动与人交往，朋友多。 4. 能够与他人建立信任，并不会因为权力和地位而发生变化。 5. 善于欣赏、赞美、激励他人，有很好的社交技巧。

续表

积极品格		可操作行为	品质目标（特征）
	13. 公平	1. 当我在团队里工作时，我会让每个人都有平等的机会。 2. 即使不喜欢某些人，我也会公平地对待他们。 3. 即使某件事情我做得很好，我也会让别人有机会去尝试，我认为每个人的意见都同样重要。 4. 即使是我的朋友，我仍会要求他与其他人一样遵守规则。	1. 对人一视同仁，对事公正合理，不会使自己的偏见影响任何决定。 2. 给每个人同样的发言机会，给每个人同样的发展机会。 3. 对人、对己一律平等，分配公平，交易公平。
公正	14. 领导力	1. 在小组成员意见不一致时，我能够让他们继续合作。 2. 我擅长当领导。 3. 我善于组织集体活动并且确保它们成功。 4. 在团队活动中，其他团队成员总是希望我来负责。 5. 我是个让大家信赖和尊敬的领导。 6. 做决定时，我会听取其他成员的意见。 7. 我负责的时候，我善于让我小组的成员照我说的去做。 8. 我善于鼓励成员完成团队的工作。	1. 有宏观决策能力和筹划能力，善于从大局出发，制定长远规划和终极目标。 2. 能够坚持信念，有雄心、有信心、有精力、有毅力。 3. 善于鼓励团队成员参与决策、管理，从不批评和打击团队成员的积极性和工作热情，用思想来指导团队发展，而不是用唠叨、插手具体工作细节，值得信赖和尊敬。 4. 有用人技巧，善于协调关系、化解矛盾，善于营造良好的氛围和组内关系。 5. 认为每个团队成员都是最棒的。

续表

积极品格		可操作行为	品质目标（特征）
公正	15. 团队精神	1. 如果团队没采纳我的想法，我也仍能和团队继续合作。 2. 即使我的团队要失败了，我仍会以公平的态度坚持比赛。 3. 与团队工作时，我配合得很好。 4. 在小组中工作时，我是非常合作的。 5. 我总是愿意为自己的团队多做点事。 6. 在活动中，我可以等着轮到我，不会因此感到烦躁。 7. 即使不同意团队的决定，我还是会去执行。 8. 就算是不同意，我还是会尊重团队中其他成员的意见。 9. 任何时候，我都会忠诚于我的团队。	1. 融入团队，有凝聚力，有归属感，为团队建设尽心尽力。 2. 忠于团队，自觉维护团队利益，并积极、主动、认真、负责地做好本职工作。 3. 尊敬领导，但不会愚昧而自动地顺从他人，会从大局出发。 4. 尊重团队目标，虽然有时大团队目标会与自己的目标不同，但仍然尊重并重视团队的目标。

续表

	积极品格	可操作行为	品质目标（特征）
节制	16. 宽容	1. 与人发生矛盾后，仍能与他人和平相处。 2. 伤害过我的人如果道歉了，我会原谅他们。 3. 会轻易地饶恕他人。 4. 会公平地对待对我不好的人。 5. 一般不与别人争论。	1. 宽容那些犯错误的人，原谅别人的过失，给他人第二次机会。 2. 宽恕那些伤害过我的人，报复心不重。 3. 心中不存怨恨，并能对他人宽宏大量。
	17. 谦虚	1. 即使我很擅长某件事情，我也不会炫耀。 2. 如果我做了件好事，自己一般不会说。 3. 即使我做得很好，我也不会表现出比别人好的样子。 4. 我不会显摆自己的成就。 5. 即使我做了好事，我也不会总是去张扬。	1. 为人低调，不招摇，不寻求成为他人关注的焦点。 2. 做事低调，不张扬，不炫耀。 3. 不认为自己很特别，常常虚心地向别人请教。
	18. 谨慎（审慎）	1. 大家常说我表现得过于认真。 2. 无论做什么，我都很细心，并能经过深思熟虑。 3. 依据事实根据做决定。 4. 做事前，我都会考虑后果。 5. 我不会犯同样的错误。 6. 我不会做让自己可能后悔的事。	1. 做事前要认真思考，仔细思考，仔细判断利弊，仔细作出选择。 2. 做事过程中注意细节，细心细致，保证准确。 3. 要小心，不要随意冒险，不要做自己认为以后会后悔的事，不要说自己以后会后悔的话。

续表

积极品格		可操作行为	品质目标（特征）
节制	19. 自律	1. 对于金钱，我能有计划地消费。 2. 对于自己想要的人、事、物，我能够等待。 3. 出现情绪问题时能及时调节自己。 4. 今日事今日毕。 5. 什么场合说什么话。 6. 工作和生活需要完成的任务，我能按时完成。 7. 很少或不发脾气。	1. 自觉控制自己的欲望和冲动。 2. 自觉控制、调节自己的情绪。 3. 有纪律，并自觉规范自己的感受与行为，自觉遵守法律法规，自觉遵循道德规范，注重礼仪。
超越	20. 审美（欣赏美和完美）	1. 喜爱艺术、音乐、舞蹈和戏剧。 2. 面对美丽风景时，我能停下来欣赏。 3. 观看艺术作品或话剧时，我感到津津有味。 4. 经常会注意一些美丽的事物并学会欣赏它们。 5. 观看美丽的图画和聆听悦耳的音乐，都能让我感觉更好一些。	1. 发现美，善于发现周围环境及日常生活中美好的人、事、物。 2. 欣赏美，懂得欣赏大自然、艺术、科学等各领域的美、优秀以及有技巧的表现。

续表

积极品格		可操作行为	品质目标（特征）
超越	21.感恩	1.生活中很少抱怨，常常感恩他人或周围的环境。 2.在我的生活里，我可以找到许多值得感恩的事。 3.当别人帮助了我，我会十分感谢他们。 4.我是个懂得感激别人的人，经常觉得要感谢别人。 5.有好事发生在我身上时，我会想起帮助过我的人。 6.经常在心里感激我的父母和家人。 7.经常为生命中所拥有的而感到幸运。	1.花时间去表达你的感激之情，如感谢父母对你的生养，感谢老师对你的辅导和教育，感谢别人对你的支持和帮助。经常表达感激，朋友和家人会知道你是一个感恩的人。 2.留心美好的事物，并对它们心存感激，这可能是非个人的，也可能是非人类的，如感谢大自然给予的阳光、空气、水、花草树木、鸟兽、鱼虫的恩惠，感谢团体、组织和祖国给予的接纳和保护。 3.感恩的人欣赏他人的优秀品质和美德。 4.要意识到好事发生在你身上，但不要认为它们是理所当然的，要经常表达感激之情。

续表

	积极品格	可操作行为	品质目标（特征）
超越	22. 希望	1. 无论做什么事情，总感觉到能成功。 2. 觉得将会有好事发生在我身上。 3. 当事情发展不顺利的时候，我不会放弃希望。 4. 无论多么困难的事，总会得到解决。 5. 我对将来感到乐观。 6. 我会实现我的目标。 7. 无论事情有多糟糕，我都会怀着希望。 8. 我相信我能够克服困难。	1. 有远大理想和切合实际的目标。 2. 有追求，知道自己要什么并做好充分准备。 3. 乐观积极，以积极心态看待现实生活。 4. 认为好事总会发生，对未来充满信心，相信幸福掌握在自己手中。
	23. 幽默	1. 我善于逗别人开心。 2. 人们说我很有趣、很搞笑。 3. 我能够通过说笑话来让别人摆脱坏心情。 4. 我喜欢说笑话或讲有趣的故事。 5. 我总是很愉快。 6. 我善于打破沉闷，使气氛变得很有趣。	1. 人们很容易看到生活中光明的一面，把它看作是有趣的。 2. 善于用自嘲、幽默、诙谐、笑话等方式让人发笑。善于营造一种轻松、愉悦的氛围。 3. 善于说笑话，但绝不嘲笑、侮辱、戏弄别人，不进攻性幽默。

续表

	积极品格	可操作行为	品质目标（特征）
超越	24. 信仰	1. 我相信所有的事情都有原因。 2. 我有信仰。 3. 我觉得我的生命是有目标的，人应该有信念。	1. 有信仰，无论是对某一种宗教，或某一种教义，或对某一件事，至少要有一种信仰，使自己有东西去追求，有寄托。 2. 要有信念，要有生活理想和生活目标，相信每个人、每件事都有更高、更深刻的目的和意义，这种信念可以塑造一个人的行为，使生活精彩而有意义。

各年龄段的积极心理素质培养

学段	心理特性	重点培养的品质
3~6岁学龄前阶段	1. 依赖于行动，在思考时做事。 2. 积极性高，行动灵活，活动量大。 3. 对周围事物充满好奇和新鲜感。 4. 自我控制力开始增强，由行为和动作引起思维活动，逻辑思维开始萌芽。 5. 对事物有强烈的兴趣和理解欲望，爱问各种问题，认知水平有了很大提高。	好奇心、创造力、自制、坚持、社交智慧、责任心、审美、希望与乐观（8项）
6~7岁小学低年级阶段	1. 学习能力的可塑性增强。 2. 情境性较强，思维模式逐步增长。 3. 依赖性强，会根据老师的要求调整行动及思维。	求知力、真诚、宽容、思维与洞察力、领导力（5项）

续表

学段	心理特性	重点培养的品质
7~12岁 小学中高年级阶段	1. 对道德行为的自我判断能力的萌芽，他们已经有了自己的想法。 2. 处于权威阶段。 3. 在与同伴交往的时候，意识到准则是维护共同利益的、平等的。	创造力、求知力、思维与洞察力、真诚、领导力、宽容、谦虚、持重、心灵触动（9项）
13~15岁 初中阶段	1. 心理发展跟不上生理的迅速成熟，逆反、对抗心理出现，幼稚与成熟、冲动与控制、独立与依赖并存。 2. 能从关心和同情出发，作出一些道德判断。 3. 走向成熟过渡期（青春期），生理和心理的"巨变"。 4. 自控信念明显发展。	爱、信念希望、友善、谦虚、执着、创造力、真诚、宽容、领导力（9项）
16~18岁 高中阶段	1. 能较自觉地运用一些道德观点、原则、信念来调节行为，世界观、人生观也初步形成。 2. 形成道德行为的观念体系时期，激发青年的开拓进取精神。 3. 执行决定的毅力不断增强。 4. "理想自我"与"现实自我"的矛盾不断改善。	思维与洞察力、谦虚、信念希望、持重、执着、真诚、创造力、领导力（8项）
18~22岁 大学阶段	1. 个体内部的心理品质相对稳定。 2. 能激发心理品质的建设性。 3. 能在一定条件下激发潜隐性。 4. 自我评价提高，自控能力提高。 5. 自我体验更丰富、更深刻。 6. 能自觉调控自我。 7. 能够不断超越自我。 8. 能积极地悦纳自我。	创造力、思维力、领导能力、希望信念、团队精神、真诚、自制力、幽默、谦虚、审慎（10项）

书籍推荐

马丁·塞利格曼在本书中强调了品格优势和美德的重要性，并大篇幅地描述了品格优势美德是什么以及怎样发挥。该书以一种通俗而又不失科学的方式告诉我们，什么是真正的幸福，以及怎样才能变得更加幸福。如果你想变得更幸福一些，不妨照着书中的建议来试试，相信幸福一定就在你的眼前！

该书被称为幸福 2.0 版，是在《真实的幸福》一书的基础上扩充而来的。在书中，塞利格曼具体阐述了构建幸福的具体方法。他提出，实现幸福人生应具备五个元素（PERMA），即要有积极的情绪（P）、要投入（E）、要有良好的人际关系（R）、做的事要有意义和目的（M）、要有成就感（A）。PERMA 不仅帮助人们笑得更多，感到更满意、满足，还能带来更好的生产力、更多的健康以及一个和平的世界。

品格的塑造对于孩子成长具有非常重要的影响。思想决定行为，行为决定习惯，习惯决定性格，性格决定命运。品格塑造作为一种最新的幼儿教育理念，摒弃传统教育的智力偏见，以专注力、自控力、好奇心、责任感、勇气和自信心等品质塑造为核心，从小培养孩子的好性格。

电影推荐

《摔跤吧！爸爸》海报

电影讲述了曾经的摔跤冠军辛格培养两个女儿成为女子摔跤冠军、打破印度传统的励志故事。爸爸拥有智慧和勇气，并培养孩子坚韧的意志力。

主题三

积极关系
——让世间美好与你环环相扣

积极的人际关系能够带来生命中一切美好的东西。

——克里斯托弗·彼得森

人类既有生物属性又有社会属性。从进化的角度来看，群体生活是人类获得生存资源、实现成功繁衍的基本保障。人类群体通过利他行为与他人合作共处，交流情感，实现互惠互利。从个体发展角度来看，婴儿期形成的依恋模型对成人期的友情、爱情、婚姻关系有重要的影响。培养共情能力、利他行为、感恩能力、主动建设性的回应技巧能够帮助个体建立起积极的关系，实现幸福美好的目标。

模块 1　案例导入

 案例

守望幸福的公用电话亭

随着手机的普及，"公共传呼电话"如今已经基本退出了大家的日常生活。然而就在上海市中心的福州路上，仍然开着一个只收现金的公共传呼电话亭，3 分钟市内通话收费 4 角钱。这里的老板是一位名叫沈玉琇的 78 岁老人，她告诉记者："这家电话亭已经陪我度过 27 个年头了。"

2020 年 12 月 7 日，记者采访到了沈奶奶。她和记者回忆，1993 年，她与几位同伴一起承包了自家弄堂口的电话亭。1996

年，丈夫临终前叮嘱沈玉琇，希望她能把电话亭守下去。"我先生就跟我说，你如果能够坚持的话就坚持到底，我在这里待着，不管怎么说都有一点乐趣。"为了这个约定，沈玉琇每天都准时来到电话亭，一待就是 12 个小时。

如果她有事，还会有热心邻居帮忙看管。邻居沈先生告诉记者，有时候沈玉琇出门看病或者旅游时，他都会搭把手，"她毕竟年纪大了"。20 世纪 70 年代起，上海几乎每一条弄堂口都出现了传呼电话亭，这些神经末梢连通着全上海的市井街坊，成为当时人们生活必不可缺的一部分。从以前的五人合伙到如今的一人独守，沈玉琇感慨，当年大家用传呼机的时候，是公用电话亭最忙的时候。"以前一个月收入五千元，大家都排队打电话。现在没人排队了，像我今天大概做了五块钱生意。"尽管打电话的人不多，但沈玉琇却不曾怠慢，每天空下来就要用酒精沾湿抹布，反复擦拭三台橘色的公用电话。78 岁的沈玉琇自己也用上了手机，她清楚，现在还要打公用电话的人往往都是需要帮助的人，如果碰到没带钱的人想打电话，她也很乐意帮忙，"有人手机忘带了，有人手机没电了，几块钱的事，不要紧的"。沈玉琇笑着告诉记者，现在的她只要身体健康，就会一直守着这家电话亭，守住属于一个时代的回忆。如今，她最大的梦想就是"身体康健"。

讨论：

1. 电话亭对沈玉琇阿姨意味着什么？

2. 沈玉琇阿姨守望的幸福是什么？

积极关系

人际关系是指人与人、人与群体、群体与群体之间运用语言和非语言符号交换信息、思想，交流经验与技能，表达情感与需要，从而在心理和行为上产生相互影响的动态过程，它实现了人与人的相互认识、理解、合作与促进。积极的人际关系是身心健康发展、人格健康和生活幸福的必要前提。

对于大学生而言，如何获得积极的人际关系即亲密的友谊和甜蜜的爱情，需要先了解自己在原生家庭中形成的依恋模式，正如依恋理论的奠基人约翰·鲍尔比所说："从摇篮到坟墓的所有依恋体验都很重要"。

模块 2 活动设计

活动一：寻找自己的依恋模式

请根据你平时的人际交往感受，选择比较符合的依恋模式（分类没有好坏，请放心选择）。

A ＊我发现与他人相处比较容易。我可以很舒服地依赖别人，也可以让他们依赖我。我并不经常担心被抛弃或某人是否与我走得太近。——安全型

B ＊我发现自己很难完全信任别人。当与他人关系走得比

较近时，我会感觉不舒服。当和别人关系开始亲近时，我会感觉到紧张。如果别人和我的关系变得开始更加亲密时，这种亲密会超出让我感到舒服的底线。我发现很难让自己依赖他人。

——回避型

C＊我发现其他人并不愿意与我保持我想要的亲密关系。我经常担心我所亲近的人并不真正爱我或者并不想与我在一起。我想和另一个人完全融为一体，而这经常会把别人吓跑。

——矛盾型

活动二：语言的力量

1. 角色扮演

情境：学生考试后来到教师办公室请老师评卷。

角色：全班同学 10 人一组，选出学生（1 人）和教师的扮演者（5 人），再选出 1 人担任组长，其他人做观察员。

任务：主持小组的师生互动活动。

2. 细则

背景：全班参加某测验考试，无一人全对。

请"老师"仔细对照答案，审读"学生"试卷后，按各自的角色要求，点评"学生"试卷。

3. 教师语言表达（请严格按照下列要求）

第一位老师：始终批评示例

● 老师：你看你这才得多少分呀！就打算用这个态度对待学习吗？太让我失望了！（批评考试的结果成绩低和学习态度）

● 老师：（再次看"学生"答卷后）你答的什么呀，马马虎虎的，看清题目要求了吗？（批评考试过程不认真）

● 老师：这道题考察的是原理，而不是你的主观想法，看题过过脑子好不好呀！我看你脑子有问题。（批评方法、批评能力，不尊重学生）

● 老师：我看你没什么出息，一点不求上进。下回再做成这样，别交给我了，交给我，我也给你扔了。（批评人格，不相

信学生)

第二位老师：始终表扬示例

● 老师：(仔细看"学生"扮演者的答卷后) 这是你写的？真不容易，看得出来你非常认真。(表扬态度)

● 老师：(指着做对的题) 这道题不是很容易，但你做得非常好，过程完整，你是怎么做到的？(欣赏式探询方法、原因和意义)

● 老师：你很会找方法，我觉得你还是有学习能力的。(表扬能力)

● 老师：我挺欣赏你的，照这样做事，你会进步很快的，继续努力。(表扬人格，表达关心和尊重)

● 老师：希望同学们向他学习呀！(表扬人格，表达信任)

第三位老师：先批评（3句）后表扬（1句）示例

● 老师：(仔细看答卷后，表示不满并冷淡地) 你写的字还不是很好，你是认真做的吗？(批评态度)

● 老师：(恨铁不成钢的样子) 我就奇怪了，这个类型的题我们每堂课都练，这都多少遍了，你白学了？(批评结果)

● 老师：(语重心长地) 这部分是你的短板，如果不提高，会把你的整体实力拉低的呀。(指出字词问题的严重性，错误的意义)

● 老师：(严肃地) 其实，我希望你踏踏实实地认真做事，这样你的聪明才能发挥出来。老师一直认为只要你肯下功夫，相信你一定会进步的！认真想想老师的话，再做一次，好不好？(肯定能力，肯定人格，表达信任)

第四位老师：先表扬后批评示例

● 老师：(仔细看答卷后) 看样子你写得挺认真，一定是尽力了。(表扬态度)

● 老师：这两道题都有难度，但你都写对了，不容易。(表扬能力)

● 老师：这部分的学习你有明显的进步。（表扬结果）

● 老师：（冷笑）不过，只有这部分好是没有用的，技能学习可不是靠死记硬背就能掌握的。我看你脑子不太灵活，学习习惯也不太好，就你这样的，总成绩要想提高，够呛。（否定能力）

● 老师：（冷漠，爱答不理）我是对你失去信心了，（叹气）哎，太让人失望了，我管不了你了。（表现不信任，失望）

第五位老师：积极引导（二厚一薄一厚）示例

● 老师：（仔细看答卷后）卷面干净整齐，你写得很认真呀。（表扬态度）

● 老师：这部分内容有难度，你能全部答出来不容易。你用什么方法做到的？（表扬能力和方法，字能写对）

● 老师：（笑笑）不过，只有这部分好是不够的，技能学习可不是靠死记硬背就能掌握的，你的操作能力还是有所欠缺的。（指出弱点）你有什么想说的话吗？

● 老师：（严肃地）这次全班都没有全对，像你这样态度认真、基础知识稳扎稳打，以后熟练操作是没有问题的！加油，期待你的进步。（肯定能力，给予希望）

4. 对话后，组长采访"学生"（3 分钟左右，组长只问问题，不进行评价）

● 如果 0 代表最厌恶，5 代表一般，10 代表最喜欢。在 0 到 10 之间，你会给这位老师打多少分？

● 请用 2~3 个关键词来形容这位"老师"。

● 这位"老师"的哪些话让你不喜欢，哪些话让你喜欢？为什么？

● "老师"的哪些话让你觉得被关注（或不被关注）？为什么？

● "老师"的哪些话让你觉得"老师"是信任你的（或不信任你），信任你能做好（或不信任你能做好）？为什么？

● 如果有几样东西可以送给老师，如花、巧克力、礼物、刀、砖头、书，或什么都不送（或你可自选东西送给"老师"），你会送什么给"老师"，或对"老师"做什么。

● 在刚才的情境中，你希望"老师"对你说什么是有用的，为什么？"老师"的哪些话是没用的？

	喜爱程度（0~10分）	老师的特点	花	巧克力	礼物	刀	砖头	书	什么也不送
第一位老师									
第二位老师									
第三位老师									
第四位老师									
第五位老师									

讨论分享：

观察员：你觉得积极语言和消极语言对学生有什么影响？

学生：当你听到"老师"的评价时，你有什么感受？

老师：运用积极语言时，会对"学生"产生怎样的影响？那么消极语言呢？

全体：生活中如何恰当地运用语言的力量？

模块 3　理论部分

不管是友谊还是爱情，都涉及人与人的关系。积极心理学运动发起人之一克里斯托弗·彼得森说，如果只用一句话对积极心理学进行总结，那就是："他人很重要"。

依恋模式

依恋模式是指个体生命早期与养育者之间的互动在个体内部形成的工作模式。个体正常的发展需要儿童至少与一个养育者建立起温暖的、持久的情感联结。美国心理学家 Anisworth 设计的陌生情境实验将儿童与养育者的依恋模式分为三种。

1. 安全型

在陌生情境实验中，安全型依恋模式的儿童与母亲在一起时能舒心地玩玩具，并不总是依附母亲，但当母亲离去时，他们会明显地表现出苦恼。当母亲回来后，他们会立即寻求与母亲的接触，可以很快平静下来并继续玩游戏。

2. 回避型

在陌生情境实验中，回避型依恋模式的儿童在母亲离去时并无紧张或忧虑，而当母亲回来时，他们亦不予理会或短暂地接近一下又走开，表现出忽视及躲避行为。这类儿童接受陌生人的安慰与母亲的安慰没有差别。

3. 矛盾型

在陌生情境实验中，矛盾型依恋模式的儿童对母亲的离去表示强烈反抗，而当母亲回来时，他们会寻求与母亲的接触，但同时又显示出反抗，甚至发怒，不能再去玩游戏。

个体幼年期建立的依恋模式在其成年后依然发挥着影响，形成成人的依恋模式。

1. 安全型

与他人相处相对比较容易；可以很舒服地依赖别人，也可以让他们依赖自己；并不经常担心被抛弃或某人是否与自己走得太近。

2. 回避型

发现自己很难完全信任别人；当与他人关系走得比较近时，会感觉不舒服；当和别人关系开始亲近时，会感觉到紧张；如果别人和自己的关系变得更加亲密时，这种亲密会超出让自己感觉舒服的底线；发现很难让自己依赖他人。

3. 矛盾型

发现其他人并不愿意与我保持我想要的亲密关系；经常担心自己所亲近的人并不真正爱自己或者并不想与自己在一起；想和另一个人完全融为一体，而这经常会把别人吓跑。

建立积极人际关系的方法

个体人际关系是通过上学读书、开始工作而开启的，从原生家庭中分化出来，发展家庭外的关系。大学生正处于这一阶段，此时的重要心理转折就是在心理上和经济上开始为自己负责。构建积极人际关系，包括共情、利他、信任以及感恩、主动建设性回应等话题。

1. 共情

共情是指看到他人陷入困境而需要帮助时产生的情绪反应。共情情绪由个体的亲社会人格和亲社会价值观以及发展到道德的高级阶段等因素影响。

2. 利他

利他是指只为了帮助他人，背后没有隐藏任何私心。利他是由共情情绪引起的。沃顿商学院教授亚当·格兰特经过多年的研究得出结论：利他者最容易成功。因为利他者会收获更多人际关系上的帮助；人们更愿意与利他者合作，而不是总想占便宜的获取者；付出者更能避免"过度投资"；付出者没那么自我，心态更加开放，更坦率诚实，并能赢得尊重。

3. 信任

信任是指在社会交往中个体对另一方的信任。尤其是在亲密关系中，如果充满信任，没有背叛，幸福感就较强。关系信任水平高，个人适应状况更好，关系发展状况更好。背叛量表得分高的人大都年纪较小，受教育水平较低，童年生活比较不幸，婚姻持续时间较短或处于离婚状态，社会支持水平较低，心理问题和障碍较多。

4. 感恩

当我们承认自己是他人亲社会行为的受益者时，就会产生感恩之心。懂得感恩的人，往往是宜人的、情绪稳定的、不物质的、自信但不自恋的。感恩有利于健康，常常记录感恩之事的人与常常记录压力事件的人相比，其健康水平和主观幸福感水平都更高。

5. 主动建设性回应

在人际交往中按主动—被动和建设性—破坏性两个维度划分，有四种不同的回应模式，如下图所示：

主动建设性回应 热情的支持、眼神接触、真诚的态度	被动建设性回应 没什么精神、反应延迟、不上心地鼓励或称赞
主动破坏性回应 表示质疑、拒绝接受、贬低事情的价值	被动破坏性回应 转移话题、忽略这件事、忽略说话的人

比如：你的朋友升职加薪，他特意来告诉你，你该如何回应？

回应一（主动建设性）：你太厉害了！要不我们一起去庆祝一下，你跟我详细说说你是怎么做到的。

回应二（主动破坏性）：这样你就没有时间和我玩了，那我们计划好的旅行还能去吗？

回应三（被动建设性）：哦哦，你真棒。

回应四（被动破坏性）：今天停水了，真讨厌。

模块4 强化练习

活动一：日行一善

准备一张"善意行动清单"，在上面列出20个可供选择的善意举动，如"给舍友一个拥抱""化一个美好的妆""和大家分享一个好故事""为别人带一杯水"等。做完一件事就记下来，并记下自己的心情。和大家一起分享其中一个。

活动二：学会倾听

请学生两人一组进行，倾诉的主题是"我最伤心的一次经历"。开始前，老师会事先告知一些同学故意不倾听、不理会对方的倾诉、自己做自己的事情等。两分钟后双方交换角色。结束后分享各自的感受。

总结：每个人都渴望被尊重、被看到，希望对方能倾听自己。只有用心倾听对方所传递的信息，才能拥有真正的友情。

活动三：听故事——早班车厢里的故事

（请一位同学读）20年前，我们这帮地位低下、干着粗活的建筑工人每天挤早班车，半睡半醒的我们把蓬松的头发蜷缩在脏脏的衣领里，阴沉着脸，互不搭理。

一天，车厢里来了一个陌生的家伙，上车后先跟司机打招呼，又友好地和大家笑笑，但司机只是毫无表情地点点头，其余人也都态度冷漠。第二天，他更是笑容满面地问候大家：

"各位早上好！祝大家一天都开开心心。"我们这帮粗人对此感到诧异和莫名其妙。

从此，这个人每天在我们的早班车厢里都向大家问好。渐渐地，我们也开始和他搭话了。一天，他抱着一束鲜花走进车厢，大家猜道："查理，是送给女朋友的吗？"他点点头，大家热烈地鼓起掌来。从那天开始，他每天都带着鲜花，我们的心情也变得轻松愉快起来。慢慢地，我们也有人带鲜花插入查理的那束花中。一张张黝黑的脸开始透出平时难见的柔情。"你好！""你好！"大家相互笑着问长问短，兴致勃勃地开着玩笑，分享听到的各种新闻。

后来有一天，查理没来，大家相约去看他，才知道他是一个公司的清洁工。再后来，得知他的一位朋友去世了，大家紧紧握着他的手，他的眼睛湿湿的。

分享：在这个故事里你得到的启示有哪些？

总结：每个人所隐藏的内心世界，正是别人希望发现的秘密。一般来说，只要真诚地开放自己的内心，才能走进别人的心灵世界。人与人的情感是一样的，只要你付出微笑，就会得到深深的友情，即使是陌生人、社会地位低微的人。想要获得友谊，请主动伸出友爱之手。

活动四：感恩练习

感恩之心的感恩不是通常意义上的报答，不是情感回报，更不是义务和责任，它指的是我们对自己拥有的事物和受惠经历的一种欣赏、一种快乐、一种积极主动的体验。——彭凯平

回想一下你最近接受的一次小小的帮助，小到你都没有想要说"谢谢"。现在请你拿出手机或笔、纸，写下对方帮助你的事情，表达你内心真诚的感谢。寄出信或发出语音，最好的方法是当面表达你的感谢之情。

模块5 拓展阅读

爱的类型

1. 亲和

亲和是一种动机，当人们之间有联系时就会表现出亲和力。美国社会心理学家沙赫特的研究显示，当人们焦虑不安时，会寻求与他人在一起。这一研究也解释了"同病相怜"这句话的含义，当有进一步的选择机会时，自我焦虑的人更喜欢跟同样处于焦虑状态下的人在一起；痛苦的人喜欢同样痛苦的陪伴者。从积极心理学的角度解释，并非痛苦本身很吸引人，而是处于痛苦中的人可能会教会我们一些东西。

2. 喜欢

喜欢是指彼此之间互有好感。影响喜欢的因素有：① 相邻性，即其他条件相等的情况下，我们更喜欢那些离我们较近的人。② 相似性，即其他条件相等的情况下，我们更喜欢那些与我们有着相似性格、价值观和信念的人。③ 互补性，即其他条件相等的情况下，我们更喜欢能满足我们需求的人。④ 高能力，即其他条件相等的情况下，我们更喜欢那些有能力的人。⑤ 魅力，即其他条件相等的情况下，我们更喜欢那些外表迷人或其他方面讨人喜欢的人。⑥ 相互性，即其他条件相等的情况下，我们更喜欢那些喜欢我的人。

3. 友谊

亲密的友谊是健康和幸福的重要源泉，通常人们会选择性格、技能、价值观等与自己相似的人做朋友。其中人格特点中的外倾性、宜人性和情绪稳定性有利于发展亲密友谊。三四岁的儿童在与同龄人交往中就有了友谊的概念。一项对中年期的人群样本的研究显示，对友谊有重要影响的人格因素有：善良、可爱、幽默、有趣。相对不重要的因素有：地位、魅力、身体健康、技能、抱负和成就。

4. 爱情

当一段关系有了排他性、专一性、互助性和相互依赖性，就成为亲密关系即爱情。根据著名心理学家埃里克森提出的心理毕生发展观，个体的成年早期的心理发展任务就是获得亲密感，避免孤独感。能够顺利完成这一任务，对于能否满意地进入社会、健康成长具有重要作用。因此，爱情是青年早期成长过程中的一个正常行为。美国心理学家斯腾伯格提出爱情三元论，认为爱情有三种基本成分：激情、亲密和承诺。激情是爱情中的性欲万分，是情绪上的着迷；亲密是指在爱情关系中能够引起的温暖体验；承诺是指维持关系的决定期许或担保。这三种成分构成了喜欢式爱情、迷恋式爱情、空洞式爱情、浪漫式爱情、伴侣式爱情、愚蠢式爱情、完美式爱情等七种类型。

建立持久爱情的四个关键

积极心理学的研究结果可以帮助我们解决长期情感关系的隐患，并让我们与伴侣的关系更加健康和幸福。——苏珊娜·帕尔基·帕威尔斯基

"你所需要的就是爱，爱就是你所需的一切。"就像在许多流行歌曲、电影和大众媒体里描绘的一样，这首甲壳虫乐队的名曲也神化了爱情之谜：真爱就是任何感情发展所需的一切。众多流行歌曲着重赞美了人们从坠入爱河到走向婚姻的整个过程，而它们却大多省略了对婚后生活的描写。当然，所有相爱的人都希望"从此过上永远的幸福生活"，但我们真的能够做到吗？现实的爱情真的能够长久吗？

幸运的是，我们比想象中更能控制自己的情感关系。在《共同幸福（Happy Together）》一书中，列出了一些能让爱情更加持久的研究结果，以及如何培养健康的情感习惯来造福感情生活。

试试用下面四个关键点来让你的爱情保鲜持久吧！

1. 创建和谐型热情

健康的感情生活涉及相互依赖，让我们在感到安全、成熟、圆满的同时，又能对伴侣表露自己脆弱的一面，并且欣赏他或她独一无二的优势和天赋。要达到这种关系，我们必须能够在感情中继续保持自己的兴趣爱好，同时也要和伴侣一起开展一些新的、令人兴奋的活动，用它们来培养浇灌可长久持续的和谐型热情。

和谐型热情能够带来认知和情感上的益处，比如更好的专注力、更积极的观点以及更多的心流。研究发现，在人际关系冲突中，它也常常和更少的破坏性行为联系在一起。

建立彼此的信任能够创造更多的和谐型热情。人际关系研究者约翰·戈特曼认为信任能够让我们彼此关注、彼此倾诉、互相宽容、互相理解，在回应时放下我们的防御并表达自己的同理心（Empathy）。我们可能不会每次都能作出正确的回应，但通过不断地练习就会增加成功的机会，而且有利于关系的长久发展。

2. 培养积极情绪

积极情绪对我们的健康很重要，它能增进身心健康并增加社会资源，为帮助我们渡过困难时期而做好准备。但积极情绪是更广泛的一系列情感，比如兴趣、希望、感激和敬畏，以及快乐或幸福，而不仅仅是简单的快感。

那么，我们如何培养更多的积极情绪？简单地告诉自己"应该更加快乐"是没有用的。事实上，研究发现，过于重视幸福和关注幸福会适得其反，让我们不那么快乐。

事实上，你可以通过"优先考虑积极活动"的方式来计划和组织日常生活，从而通过日常活动增加自己的积极情绪。要注意生活中的哪些活动会给你带来积极的感觉，并记得主动地把更多这样的活动融入生活中去。关键是不要强迫让自己有积极情绪，而是要主动地把自己放在容易产生积极情绪的环境之中，自然而然地产生积极情绪。

3. 品味美好时光

品味与积极情绪有关，但它更能加强积极情绪的影响力。如果我们能铭记对方的优点和一起度过的美好时光，而不只是关注缺点或将彼此视作理所当然，随着时间的推移，这将有助于我们更加欣赏自己的伴侣。

要做到品味生活，需要一些正念或冥想中涉及透过现象看本质的技巧。欣赏此刻正在发生的事情，以及回想过去或想象未来有趣的经历，都会对我们的幸福产生积极的影响。你和伴侣一起品味的时候，也会对你们的感情生活有所益处。

互相交流我们从伴侣身上看到的积极品质，这与婚姻的满意度以及是否能够成功地渡过困难时期有着紧密联系。同时，对伴侣的出色品质表达感激之情也能加强我们此刻彼此的联系，成为改善未来关系的资源，并且增进个人的幸福感。

和伴侣说说你生活中积极的经历，也会增加感情生活的幸福感。只要你的伴侣支持着你的热情，而不是试图破坏你的快乐。事实上，那些以积极的方式互相分享和回应积极经历的夫妻往往会对感情生活更为满意，使得他们的感情更为持久。

4. 了解并增强对方的品格优势

虽然对伴侣说些"你让我完整"或者"我不能没有你"之类的话可能会让人觉得浪漫，但这些并不能够最终导致持久的爱情。相反，如果你懂得促进双方独特的品格优势的重要性，你们的爱情将会更持久。

品格优势是我们所有人或多或少都拥有的品质，这些品质与智慧、节制、勇气、人道、公正和超越这六种美德联系在一起，是充实生活的关键。马丁·塞利格曼和克里斯托弗·彼得森开发了一份品格清单，可以帮助你识别自己的品格优势，并与自己的伴侣分享，这样你们能够更加了解彼此的相似之处和独特性，在个人成长过程中也能更好地相互扶持。

研究表明，增强性格优势可以让你更幸福，尤其是当你尝试用新的方式去应用它们的时候。认识并欣赏伴侣的性格优势，可以增加你们对感情生活的满意程度。

如何相互促进对方的优势呢？一种方法是与爱人分享一些你在生活中如何成功地利用性格优势的小例子。作为伴侣，则需要仔细倾听，表现出好奇（而不是评判），并帮助对方对这些回忆细细品味，这样能引发彼此之间全新的、更强的欣赏和更紧密的联系。

你也许想尝试下有趣的"优势约会"：结合双方的任一个品格优势来规划一次户外活动。举个例子，如果你的品格优势之一是"活力"，伴侣的是"好学"，或许你们可以租一辆电动平衡车，在导游的带领下参观游览城市的历史。或者，如果你最大的优势是"善良"，伴侣的是"幽默"，你们也可以一起设计参加一些在帮助他人时也能让他们开怀大笑的活动。

积极心理学为我们提供了大量的实证方法，帮助我们发现和培养双方的优点，并使我们自己变得更好。通过培养和谐型热情、积极情绪、对美好的品味以及共同的成长，我们可以实实在在地影响和促进我们的婚姻和感情生活。

我们需要提醒自己，在童话世界之外，"永远的幸福生活"并不会从天上掉下来。在现实生活中，只有建立和维持健康的情感习惯，才能使我们的幸福美满更为持久。

推荐电影

"以前我是一个人，孤单着也孤独着；后来遇见了你，我还是一个人，孤单着，却不再孤独着。世上有种友谊，叫玛丽和马克思。"

《玛丽和马克思》海报

8 岁的玛丽丑陋、自卑、孤独、缺爱，44

岁的独居男人马克思患有精神障碍，不善于表达情感、容易焦虑，缺乏常人的社交能力，没有朋友。就是这样相差三十多岁的两个人，在一次偶然的机会下通过写信相识，他们没想过这场相遇从此给各自的人生也带来了改变。常常觉得自己不够好、得不到爱的玛丽给马克思的信中说，"也许爱并不适合我"。马克思则给她寄去了一颗糖，上面写着"Love Yourself First"（先爱你自己）。马克思并没有因为自己的精神障碍而感到自卑，他觉得自己没有精神病，他只是用他自己的方式和这个世界相处。

电影让人感慨，即使世界满目疮痍，我们也没有想象中的那么完美，但是也要爱自己，接受自己的不足，也接受他人的不足，只有这样，才能与这个并不完美的世界和平相处。正如莱纳德·科恩所说："万物皆有裂痕，那是光照进来的地方。"

书籍推荐

《小·王子》

任何一种关系都不是事先给定的，都需要构建和经营。狐狸与小王子的这段话让小王子明白了"建立联系"的真正涵义。——《小王子》

就在这当儿，跑来了一只狐狸。

"你好。"狐狸说。

"你好。"小王子很有礼貌地回答道。他转过身来，但什么也没有看到。

"我在这儿，在苹果树下。"那声音说。

"你是谁？"小王子说，"你很漂亮。"

"我是一只狐狸。"狐狸说。

"来和我一起玩吧，"小王子建议道，"我很苦恼……"

"我不能和你一起玩，"狐狸说，"我还没有被驯服呢。"

"啊！真对不起。"小王子说。

思索了一会儿，他又说道："什么叫'驯服'呀？"

"你不是此地人。"狐狸说，"你来寻找什么？"

"我来找人。"小王子说，"什么叫'驯服'呢？"

"人。"狐狸说，"他们有枪，他们还打猎，这真碍事！他们唯一的可取之处就是他们也养鸡，你是来寻找鸡的吗？"

"不。"小王子说，"我是来找朋友的。什么叫'驯服'呢？"

"这是已经早就被人遗忘了的事情。"狐狸说，"它的意思就是'建立联系'。"

"建立联系？"

"一点不错，"狐狸说。"对我来说，你还只是一个小男孩，就像其他千万个小男孩一样。我不需要你，你也同样用不着我。对你来说，我也不过是一只狐狸，和其他千万只狐狸一样。但是，如果你驯服了我，我们就互相不可缺少了。对我来说，你就是世界上唯一的了；我对你来说，也是世界上唯一的了。"

"我有点明白了。"小王子说，"有一朵花……我想，她把我驯服了。"

"这是可能的。"狐狸说，"世界上什么样的事都可能看到……"

（狐狸接着说）"我的生活很单调。我捕捉鸡，而人又捕捉我。所有的鸡全都一样，所有的人也全都一样。因此，我感到有些厌烦了。但是，如果你要是驯服了我，我的生活就一定会是欢快的。我会辨认出一种与众不同的脚步声。其他的脚步声会使我躲到地下去，而你的脚步声就会像音乐一样让我从洞里走出来。再说，你看！你看到那边的麦田没有？我不吃面包，麦子对我来说，一点用也没有。我对麦田无动于衷。而这，真使人扫兴。但是，你有着金黄色的头发。那么，一旦你驯服了我，这就会十分美妙。麦子，是金黄色的，它就会使我想起你。而且，我甚至会喜欢那风吹麦浪的声音……"

主题 ④

积极投入
——让你福流满满

悠然于此时，物我各两忘。

——〔宋〕释居简

他静静地看着这本书，窗外的吵闹声，杨树上的鸟叫声，屋外电视传出的嬉笑声，都无法让他分神，因为在他的世界里其他的一切都抛弃了，他完全沉浸在这本书中，他的眼中已是半城烟沙，兵临池下，金戈铁马，他的耳边飘荡的是风声鹤唳、战鼓呜呜。

——佚名

福流（flow）是一个非常具有中国本土化的翻译，指的是当人们沉浸在当下着手的某件事情或某个目标中时，全神贯注、全情投入并享受其中而体验到的一种精神状态。福流，亦可称之为福乐、沉浸、神驰、化境，很具有中国传统文化的味道，中国人讲究"天人合一""物我两忘"的境界，就是这种体验。福流产生时会有高度的兴奋及充实感，置身于福流体验的人们，不但会感觉到深深的满足，也会无视时间的流逝，还会彻底忘记了自己。既然福流可以提升人们的幸福感与获得感，那么怎样获得福流呢？今天我们就来探讨和实践这一话题吧！

模块 1　案例导入

 案例

庖丁解牛

（选自王先谦《庄子集解》本）

有一个名叫庖丁的厨师替梁惠王宰牛，手所接触的地方，肩所靠着的地方，脚所踩着的地方，膝所顶着的地方，都发出皮骨相离声，刀子刺进去时响声更大，这些声音竟然同《桑林》《经首》两首乐曲伴奏的舞蹈节奏合拍。梁惠王说："嘻！好啊！你的技术怎么会高明到这种程度呢？"

庖丁放下刀子回答说："臣下所探究的是事物的规律，这已经超过了对于宰牛技术的追求。当初我刚开始宰牛的时候，对于牛体的结构还不了解，无非看见的只是整头的牛。三年之后，见到的是牛的内部肌理筋骨，再也看不见整头的牛了。宰牛的时候，臣下只是用精神去接触牛的身体就可以了，而不必用眼睛去看，就像视觉停止活动了而全凭精神意愿在活动。"

庖丁解牛

总结：为什么庖丁说"只是用精神去接触牛的身体就可以了，而不必用眼睛去看，就像视觉停止活动了而全凭精神意愿在活动？"这是一种什么感觉？在积极心理学中，我们称之为福流。

什么是福流？

福流的特征是当一个人全神贯注、身心两忘地做一件事时，会获得一种极其美好的体验。积极心理学家契克森·米哈伊把这种心理特征称为"Flow"，即"福流"。通俗点讲，福流是一种将个人精力完全投注在某种活动上的感觉。福流产生时会有高度的兴奋感及充实感。如自媒体人在写稿时、程序员在敲代码时、设计师在作图时等都可以产生福流，而人们处于这种情境时，往往不愿被打扰，即抗拒中断。契克森·米哈伊曾描述道："你感觉自己完完全全在为这件事情本身而努力，就连自身也都因此显得很遥远。时光飞逝，你觉得自己的每一个动作、想法都如行云流水一般发生、发展。你觉得自己全神贯注，所有的能力被发挥到极致。"

进入福流是什么感觉？

全神贯注
物我两忘
驾轻就熟
点滴入心
酣畅淋漓

模块 2　活动设计

活动一：美好时光

（1）互动卡片：哪部小说曾让你酣畅淋漓、一口气读完？理由是什么？

_____

_____

_____

_____

_____

_____

（2）请划出下面让你着迷/尽情投入的事，如果没有，请在空白处填上。

读小说	弹琴	做家务	听音乐	写小说
看电影	轮滑	唱歌	美食	旅行
打篮球	登山	手工	刷淘宝	抖音
打游戏	踢足球	学习专业课	看直播	

互动卡片：

写出我的福流时刻： 比如 打游戏的时候； 踢足球的时候； ……	与同桌进行交换：

教师点评：

每个人的福流体验的内容是不同的，要在日常生活中善于发现自己的福流体验。

活动二：创造"微福流"体验

活动目的：让学生知道在日常生活中我们也能创造福流体验，从而丰富同学们的学习与生活。

活动内容：

需要较低挑战的活动	从这些活动中获得的快乐
背单词 折纸 画画 游泳	
需要较高挑战的活动	**从这些活动中获得的快乐**
数学公式 魔方 滑板 小轮车	

反思讨论：

高难度和低难度的活动哪种让你更快乐？为什么？

_____

_____

_____

_____

_____

教师点评：

人们获得福流体验需要什么条件？我们可以从自身的技巧水平和活动的挑战难度两个维度来看：当你处于低技巧水平而面对低难度挑战时，会产生无感；当你处于低技巧水平而面对高难度挑战时，会产生焦虑；当你处于高技巧水平而面对低难度挑战时，会比较放松；当你处于高技巧水平而面对高难度挑战时，则会产生福流。

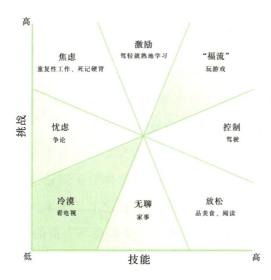

技巧水平和活动的挑战难度象限图

模块 3　理论部分

福流是一种过程

福流是一种感觉、状态和体验，是指一个人在自觉自发的前提下，对某一活动或事物表现出浓厚而强烈的兴趣，并能推动自己完全投入进去，把自己的优势发挥到极致，进入一种完全沉浸其中的状态，它包含愉快、兴趣、忘我等情绪。学习与工作也可以产生福流。在这个过程中，参与者不但向往结果的出现，更注重整个过程中的每个环节均是对参与人的奖赏和勉励。常有福流体验的人，在工作中往往能葆有更好的激情和动力，工作时心无旁骛、物我两忘而倍感时间飞逝，在生活中也更有掌控力和满足感，享有更多的快乐和幸福体验。

福流不是上瘾

在实际的研究过程中，福流理论与沉浸理论二者的概念界定存在一定的混淆，福流理论中的核心内容为在某一特定的环境中，生理、心理及情感等各方面全身心投入到某一事物中，对自我进行感知，并与环境发生互动关系。

沉浸体验的重点在于即时的身心感知与体验，福流的关键在于流动性、过程性等特征，福流体验阶段是建立在前提和条件阶段有所充分筹备这一前提条件之下，福流体验之后会产生反馈结果，进而便会导致动机、兴趣等各方面的波动变化。

产生福流的条件

（1）能力与任务难度相匹配。

（2）有清楚目标的活动（即学生对于参与的活动有较强目的性，对达到的效果有预期，并清楚如何达成目标）。

（3）有立即回馈的活动（即通过提供适时明确的反馈提

醒，让学生感知自己操作行为有效，了解当前的运行状态和自己所处位置，并对即将发生的活动有预知）。

（4）活动本身是我们倾向于去从事的活动（我们会专注一致地活动，自发体验，即学生不在意事情的成败，只是单纯地享受体验活动本身的乐趣）。

（5）我们对这项活动有主控感——挑战与技能之间达成平衡（个人技能与任务挑战相匹配，即学生本身的技能水平始终保持与活动任务难度动态平衡，且都处于较高阶段）。

（6）在从事活动时我们的忧虑感消失（增强掌控感，即学生对进行的操作可把控，可以预知接下来的操作，并可对活动的变化作出适当反应）。

（7）主观的时间感改变，如可以从事很长的时间而感觉不到时间的消逝（行动与意识的融合，即主体与客体两者高度融合，不分先后。高度专注，即学生完全专注于当前活动，除此之外没有精力顾及活动以外的其他事物；逐渐失去自我意识，即学生完全沉浸活动当中，与活动以外的情况脱离开）。

模块4 强化练习

活动一：回忆福流体验

请回忆你工作、学习和日常生活中的福流体验，并讲给大家听。

工作中	学习中	日常生活中

活动二：创造福流体验

根据福流体验的一个条件特征，寻找在生活中可能具备的条件，为自己创造一个获得福流体验的机会，同时反思是否在其中获得了福流体验的三种体验性特征。

福流体验1	特征1
福流体验2	特征2
福流体验3	特征3

模块5 拓展阅读

福流的发现

契克森·米哈伊，曾担任芝加哥大学心理系主任，现任教于美国加州克莱蒙特大学，积极心理学奠基人之一，提出并发展了福流的理论。

幸福是一种有意义的快乐

彭凯平教授认为，幸福不是虚幻的概念，也不是简单的满足，它有脑科学的定位，有神经递质的作用。他还认为，幸福来自于人与人之间美好的感情，与金钱和收入无关。他的研究证明，幸福有三个重要的生理要素：首先，不能有负面情绪活动，杏仁核不能充血，否则将会带来消极感受；其次，要分泌积极的神经化学递质，多巴胺、血清素等是体验幸福必不可少的；最后，还要大脑前额叶的智慧参与，要有感受、领悟，这才是幸福。在他看来，人类幸福还包括一个特别重要的因素，那就是对人性的欣赏、满足和认识，通俗地说，幸福其实是一种有意义的快乐。彭凯平发现，幸福的人一定是行动积极的人，幸福的人的创造力比其他人高很多，人在开心快乐的积极状态下，最容易有伟大的发现。诺贝尔科学奖获得者和很多普通人的差别，就在于他们更快乐、积极和自信。

幸福是什么？怎样才能创造幸福、感知幸福、放大幸福？幸福是一种福流，是一种有意义的快乐；幸福要我们自己去创造，要顺应积极天性。当我们顺应所有积极天性的时候，我们就会进入一种特别酣畅快乐的状态，这个状态就是澎湃的福流。

中国人不幸福的原因

在 2017 联合国世界幸福报告中，中国仅排在第 79 位。彭凯平教授分析认为，中国在政治实力、军事实力、平均寿命、医疗健康保险等硬指标方面都做得不错，但拖累中国排名的恰恰是三个重要心理指标：

第一，社会公益水平偏低。中国人愿意做公益、做慈善捐款的比例很低，中国富人捐助比例在全世界排名倒数第一位。

第二，社会信任度偏低。他的团队曾进行过一项 13 种语言正面和负面表达的研究，结果发现，在过去 200 年间，中文的负面表达在全世界是最明显的。中国有这样一种现象：如果你讲负面的话，大家都觉得有道理；而如果你讲正面的话，大家都会说你是在"装"。这是一个很重要的社会心理问题。

第三，主观幸福感不足。中国人工作通常是为了前途和养家糊口，所以从工作中得到幸福的比例偏低。如果问中国老百姓幸福吗，得到的最多的回答是"不知道"。

电影推荐

电影《心灵奇旅》讲述了梦想成为爵士钢琴家的男主角乔伊·高纳与厌世的灵魂 22 相遇，他们携手返回现实世界寻找生命的意义的故事。其中对"忘我之境"的描绘，引发了世界影迷的讨论：比如故事一开始，乔伊的学生康妮忘我地演奏长号；在纽约最好的爵士俱乐部，乔伊忘我地演奏钢琴；在被 22 称为"废柴镇"的时空

《心灵奇旅》海报

秘境，街头杂耍者忘我地表演，艺术家忘我地创作，冥想者在

沉思中灵魂出窍……这种忘我的状态，就是本专题介绍的福流。而且，电影的高明之处还在于它区分了福流与迷失：有的灵魂陷入"执念"，成为灰色形体，比如"重复的机械工作"，虽然表面看起来迷失和忘我的区别没有那么大，但是如果我们深入进去思考则会发现，忘我是快乐的，但当这种快乐成了一种执念，脱离了生活，人就变成了迷失的灵魂。

主题五

积极意义
——送你一朵小红花

　　人生就像一盒各式各样的巧克力，你永远不知道会尝到哪种滋味。对于最初的生活，我们无从选择；但是对于往后的生活，我们却可以创造无限的可能。

——电影《阿甘正传》

积极心理学认为，人是具有内在意义的精神存在物，其存在的合理性在于人对存在的意义与价值的追求。因此，从积极心理学的意义上来看，人生就是不断创造幸福和意义的过程。如果一个人无法搜寻到生活的意义和价值，他势必沦入一种存在的空虚，宛如一只遗弃在海边的蚌壳，终被时间无情地蚀化。

模块1　案例导入

这条小鱼在乎

　　暴风雨后的一个早晨，一个男人来到海边散步。他看到在沙滩的浅水洼里有许多被昨夜的暴风雨卷上岸来的小鱼。它们被困在浅水洼里，虽然近在咫尺，却回不了大海。用不了多久，浅水洼里的水就会被沙粒吸干、被太阳蒸干，这些小鱼就会被干死。

　　男人继续朝前走着。他忽然看见前面有一个小男孩，走得很慢，而且不停地在每一个水洼旁弯下腰去——他在捡水洼里的小鱼，并且用力把它们扔回大海。终于，这个男人忍不住走过去："孩子，这水洼里有几百几千条小鱼，你救不过来的。"

"我知道。"小男孩头也不抬地回答。

"哦？那你为什么还在扔呢？谁在乎呢?!"

"这条小鱼在乎!"男孩儿一边回答，一边拾起一条小鱼扔进大海。"这条在乎，这条也在乎！还有这一条、这一条、这一条……"

许多好事其实从我们的角度来看似乎是微不足道，但只要大家愿意轻轻躬身，便可以换回那一条又一条"在乎"的小鱼儿。

讨论：

你是否有时觉得人生没有意义？

人生意义问卷（C-MLQ）

首先，请同学们花一点时间思考一下：对你来说，什么使你感觉到生活是很重要的。然后，根据下列的描述与你的情况相符合的程度，在1~7中作出选择，请尽可能准确和真实地作出回答。下列问题的主观性很强，每个人的回答都会有所不同，实际并无对错之分。

1=完全不同意，2=基本不同意，3=有点不同意，4=不确定，5=有点同意，6=基本同意，7=完全同意。

1. 我很了解自己的人生意义

2. 我正在寻找某种使我的生活有意义的东西

3. 我总是在寻找自己人生的目标

4. 我的生活有很明确的目标感

5. 我很清楚是什么使我的人生变得有意义

6. 我已经发现了一个令人满意的人生目标

7. 我一直在寻找某样能使我的生活感觉起来是重要的东西

8. 我正在寻找自己人生的目标和"使命"

9. 我的生活没有很明确的目标

10. 我正在寻找自己人生的意义

计分方法：

人生意义体验因子：1、4、5、6、9题相加；

人生意义寻求因子：2、3、7、8、10题相加。

注释：人生意义体验是指个体目前所体验和知觉自己人生有意义的程度，人生意义寻求是指个体积极寻求人生意义或人生目标的程度，各含5个条目。得分越高，则说明个体在该特质上的倾向性越高。

模块 2 活动设计

活动：寻找生命的意义

1. **故事引入：**漫画《我从十一楼跳下》

2. **讨论**

A. 你觉得女孩解决她的困境了吗？

B. 观看后你有什么感受？

我认为：

3.教师点评：跳下去，多么轻易的一个举动。主人公在看到别人的生活难处时，才知道每个人的生活都充满着困境。人生意义不是一个客观存在的外物，也不是隐藏在你的"本心"之中，人生意义的本质来自于你自己的"有意义的行动"。很多人都知道"人生意义是自己创造出来的"这句话，却并不理解这句话真正的含义。这句话的本意是指：当你去做你自己喜欢的、你自己认为有意义的事情时，你自然而然地就会感觉到充足的意义感和满足感；但当你用力去"寻找"人生意义的时候，你反而会找不到，甚至会离你的人生意义越来越远。因为你的"刻意"令你无法充分地享受和体会你所做的事情所带来感受，所以要做自己喜欢做的和自己认为有意义的事。

模块3 理论部分

什么是积极意义

积极心理学认为，人是具有内在意义的精神存在物，其存在的合理性在于人对存在的意义与价值的追求，因此人生是一种任务和使命。如果一个人无法搜寻到生活的意义和价值，他势必会沦入一种存在的空虚。现实生活的人可分为两端：一端是人们极富生活的希望与积极肯定存在的终极意义而建立起来的实存的生死观，不断地超越自己，实现其存在的价值；一端是人们受到"虚空的存在"的困扰，找不到或失去生活目标，虚无主义扼杀了意义，也就进一步阉割了自我实现的要求。人之异于禽兽者有三个特质，即统合、自由、责任。

统合是指人是由生理、心理、精神三方面需求的交互作用统合成的整体。生理需求的满足，使人生存；心理需求的满足，使人快乐；精神需求的满足，使人有价值感。因此，理想的人生乃是精神力量之下对生理层面与心理层面的统合。

自由是指虽然人在遗传与自然环境之下得不到自行决定是否存在的自由，但人有决定如何存在的自由，亦即人有选择的自由。这就为人在生命中积极寻找意义而提供了意向的可能。

责任是指当人选择之后就应该对自己的行为负责，这是促成人去探寻意义的约束力。

统合、自由和责任构成了人类存在的本性，没有这三者，人们就不可能发现人生的意义和目的。

积极意义的作用与功能

1. 让人们发现生活的美和乐趣

世界不缺乏美，而是缺少发现美的眼睛。人是社会性的存在，天生就生活在意义的网格中，人是否幸福，在某种程度上是由人生意义决定的。但是，这里需要注意，没有所谓的"现成的意义"，意义是动态的、创造出来的。比如，你问一个穷人，他会说他的意义或幸福的来源是钱，但是当他的收入达到一定的数量时，他在金钱方面的幸福感或意义感会下降很多，那么这个时候，要想提升意义感，就必须寻找其他的维度。

2. 让人们改变对苦难的态度

历史上很多人的生活经历让我们看到即使在看似毫无希望的时候，人们也能找到人生的意义。当人们能够勇敢地接受痛苦挑战时，生命就有了意义。心理韧性理论的研究也证明了这一观点，在危机事件后心理韧性好的人能更快地从创伤中恢复甚至变得更好的重要原因，就是对整个事件进行了有积极意义的归因。

如何获得积极意义

1. 建立良好的人际关系

人的社会性的本质让人终其一生都生活在社会网格之中，每天都在与各种各样的人进行交往，因此良好的人际关系是我们获得积极意义的重要条件。良好的人际关系不仅能带来心理上的幸福，还能带来生理上的好处，可以提高免疫能力，延长寿命。建立良好人际关系最简单的方法就是互惠。人际交往的过程实际上是相互希望获得需求满足的过程，表现为感情互相慰藉、人格互相尊重、目标互相促进、困难互相帮助、过失互相原谅等多种形式。如果在交往中一方只索取不给予，交往关系就不能维持很久；交往中互利性越高，人际关系就越稳定密切。

2. 做有创造性的工作

人对待工作有三种态度：被安排的"差事"、谋生的职业、实现自我价值的事业。把工作当作差事的人仅仅是为了得到报酬；把工作当成职业的人会努力工作，希望获得更多的升迁或声望；把工作当成事业的人会全身心投入，获得物我两忘的福流体验；报酬和升迁是伴随福流体验而来的附加回报。

3. 培育正确的价值观

一个人的核心价值观定义了他的理想状态。价值观让人知道什么是对的、什么是错的。人们依据自己的价值观做事会体验到一种安全感，认为他正在做对的事。社会主义核心价值观凝结着整个社会的美好价值，是我们应该传承的核心价值。

4. 正确理解生命的意义

现代社会节奏越来越快，工作压力越来越大，人们对各种欲望的追求也愈加强烈。有时金钱、权力会成为衡量一个人生命意义的所在。人人渴望成功，成功的目的就是为了得到更多的金钱和权力。但是让我们看看古人：古时儒家学子把"为天地立心，为生民立命，为往圣继绝学，为万世开太平"当作自己的人生目标和人生准则。他们带着使命来到人间，把天下苍生、教化民众、圣人之学、江山社稷视为人生追求的终极目标。生命从这一刻起，显得坚强有力、更加厚重，个体生命也是如此。王阳明为了找寻圣人之学，经历"五溺"之后，终归儒学，穷其一生不断探索，最终创立心学，成为继孔、孟、朱之后的最后一位圣人。曾国藩为了实现自己的圣人之志，一生践行，最终成为晚清中兴大臣之首，创下不世之功，为混乱的晚清政府力挽狂澜，被后人称为"半个圣人"。现阶段我们应该正确理解生命的意义，既不功利，也不虚无：把自己的工作做好，因为它是你的经济来源，同时找到工作的乐趣，让工作显得不那么枯燥；把家庭经营好，因为它是你的幸福源泉，在工作之余多陪陪家人，感受生活的些许之美；通过爱好兴趣等提升自己，因为不同的眼界、想法、格局会带给你不同的感受，而读书是改变这一状况的最好捷径。

模块4 强化练习

活动一：生命的长度

如果一个月算一个小格子，人生一般最多只有1200个格子（100年×12个月=1200个月）。在一张A4纸上画一个30×40的表格，每过一个月就涂掉一格。也许你没有想过，被量化后的人生原来如此短暂……

如果你今年20岁，那么已经走完的人生如下：

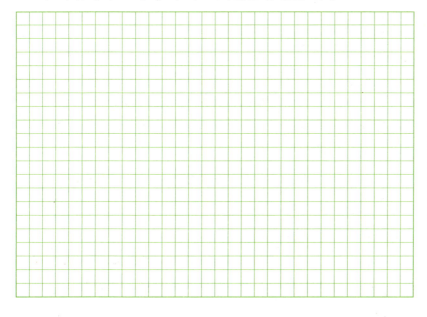

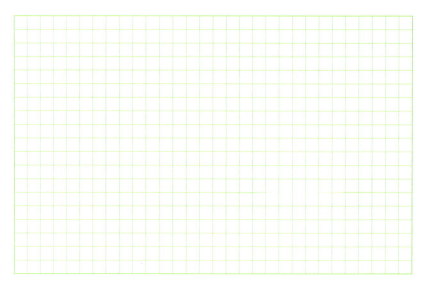

如果我们画出每天的表格：8 小时睡觉、3 小时吃饭、2 小时散步、2 小时在网上闲逛……

1	2	3	4	5	6	7	8
9	10	11	12	13	14	15	16
17	18	19	20	21	22	23	24

活动点评：真正学习和工作的时间有多少？真正去跟父母聊天的时间有多久？珍惜活着的每一分钟，因为你的生命进度条正在减少。

活动二：价值观拍卖

活动目的：引导学生了解有关爱情、友情、健康、美貌、爱心、金钱、幸福等多方面的价值观念，通过价值观排序，学生可以从自己的取舍中了解自己的价值观和人生态度，思考澄清自己的价值观念。

活动道具：拍卖价格表、筹码和锤子。

活动过程：

第一步：教师引导。

我们每个人都有自己的价值观，价值观是我们行动的指南，它决定了我们如何选择。那么，我们的价值观到底是什么样的呢？我们的选择体现了怎样的价值观呢？下面让我们来进行一场特殊的拍卖会！

第二步：宣布活动规则。

参与拍卖的每样东西都有它的底价。

1. 具有吸引力，让每一个认识的人都喜欢自己。（价值：500）

2. 拥有健康——长寿而且没有疾病。（价值：1000）

3. 有清晰的自我认识，知道自己是谁。（价值：100）

4. 每年至少赚 50 万元。（价值：1000）

5. 成为一个团体中最有影响力的人。（价值：200）

6. 有时间过一个愉快的、有意义的家庭生活。（价值：1000）

7. 参加社会活动，如音乐会、戏剧、芭蕾舞表演或体育运动。（价值：200）

8. 在一个没有歧视、欺骗和不公正的环境中工作。（价值：1000）

9. 为弱势群体竭诚服务。（价值：200）

10. 什么时候都可以做自己喜欢的事情。（价值：1000）

11. 有一份稳定的工作和收入。（价值：1000）

12. 能够寻找到生活的意义和真谛。（价值：1000）

13. 精通专业，能在所做的一切事情上取得成功。（价值：200）

14. 有学习的条件——有所需的全部书籍、电脑和各种辅助物。（价值：100）

15. 创造一个能让人们自由地给予和付出爱的氛围。（价值：200）

16. 冒险、迎接挑战，过一个精彩的人生。（价值：500）

17. 产生新思想，创造新的行动方式。（价值：200）

18. 自由决定工作的条件、时间、位置和着装等。（价值：200）

19. 制作有吸引力的物品，为世界增添美丽。（价值：200）

20. 休长假，什么都不用做，只要开心玩乐。（价值：200）

假设每个同学有 10000 元，每次出价以 500 元为单位，价高者可获得。要求每位学生有效利用手中的 10000 元，尽可能地买到更多的东西。

第三步：拍卖。

（1）首先拍卖第一件物品：有 100 万给需要的人。底价为 500 元，竞价价高者得。以此类推，依据上述的次序进行拍卖。

（2）记录每个人买到的东西，将同学的名字、买到的物品、所花的价钱一一写在黑板上。

第四步：团体分享与讨论。

1. 你是否后悔买到的东西？为什么？

2. 在拍卖过程中，你的心情如何？

3. 钱能否带来快乐？

第五步：教师总结。

从这次"价值观拍卖会"中，同学们从自己的取舍中了解、思考和澄清了自己的价值观，了解到了什么对自己来说是最想要的。与此同时，同学们要选择对自己来说最重要的东西，树立正确的价值观，一旦锁定目标就要紧紧抓住机会，努力争取，别让最重要的东西从身边匆匆而过。

活动三：冥想体验——发现身边的美好

第一步：阅读以下文字。

海伦·凯勒写过一本书《假如给我三天光明》，描述了她自己的心灵体验，也是对所有人真诚的劝告。她说："我想知道为什么有些人在森林里面走了一个小时却什么也没有看到，我一个看不见任何东西的盲人却看见了无数的事情：看到一片叶子上对称的美感，我看到了银杏树表面那种光滑的触感，看到了树枝上那种粗糙的凹凸不平。我作为一个看不见的盲人可以给那些能够看见的人一个启示：去善用你的眼睛，就像你明天将会失明一样；去聆听美妙的天籁、悦耳的鸟鸣、奔腾的交响曲，就像明天将会失聪一样；去用心抚摸每一个物件，就像明天将会失去触觉一样；去闻花香，去品尝每一口饭菜，就像明天你将永远无法闻到香味和品尝味道一样。"

第二步：正念呼吸，进入当下。

请找到哪个身体部位的呼吸是最明显的。如果是鼻端，感受气息流进流出的感受；如果是胸部，感受气流进出时胸部的起伏变化；如果是腹部，感受腹部随着气息进出的胀缩感……当你确定这个部位之后，你需要做的就是去察觉呼吸给这个部位带来的感觉。不要变换其他部位，不要去数气息，也不要去控制它、调节它。

你会发现，坚持不到几秒钟，注意力就会从呼吸上离开。不要做好坏评判，接受你很难集中注意力这个现状，平静地将它重新带回到呼吸上。下次如果继续走神，继续带回来即可。

想象你的觉知就像一道柔和的光束，从头顶开始，慢慢地向下移动，从头顶到额头、眉毛、眼睛、双侧的太阳穴、耳朵、面颊、鼻子、嘴、下巴、脖子、胸腔、腹部、背部、双臂、手指、肌肉、骨骼、腹腔、臀部、小腿、脚掌、脚趾等。总之，让这束觉知之光照进你身体的每一个地方，从上到下，从外到里。身体的感觉有很多种，冷、热、痒、麻、痛、干、湿、紧绷、放松等，如果你觉得没有感觉，这也是一种感觉。5秒钟静默……请集中所有的觉知，将注意力放在腹部，放在呼吸给腹部带来的感觉上……25秒钟静默……将你对呼吸的觉知拓展开来。除了感受呼吸给腹部带来的感觉之外，也感受身体的整体感，如你的姿势、你的面部表情、你的胸部、你的腹部、你的臀部、你的双手……从内心去感受这些。现在，尽可能地将这份宽广、浩瀚、接纳的觉知带到一天里的每一个时刻，无论你在何处，无论接下来你要做什么，让觉知自然地展开。

第三步：分享体验

模块 5　拓展阅读

工作让人有意义感

人类追寻理想的大方向是一致的：一开始对某个领域充满兴趣，沉醉其中，享受福流。经过多年的投入，与相关的人、事和核心价值建立紧密关系，进而享受更多、更持久的福流体验。这种全心投入，就是"工作是爱的具体展现"。（推荐阅读《象与骑象人》）伟大的现实主义雕塑艺术家奥古斯特·罗丹说道："工作就是人生的价值、人生的欢乐，也是幸福之所在。"中国明朝心学大师王阳明说："修身和工作，其实是一回事。修身是为了工作质量的提高，提高工作质量来自于修身。修身是体，工作是用，致良知就是其中诀窍。"这也正如日本著名企业家稻盛和夫所说，工作中修行是帮助我们提升心性和培养人格最重要、最有效的方法。我们用心去工作，就是用工作来磨炼我们的心，提升了我们的灵魂层次，光明了我们的良知。

寻找意义的路径

1. 见证美德

当我们从他人身上感受到勇敢、慈爱或同情等美德时，就会放下防卫心并感受到幸福。

2. 寻求敬畏感

当人们面对比自己宏大许多的事物，如壮丽的大自然或是了不起的观念时，就会从心底产生敬畏。

3. 融入群体，和别人为同一目标努力

群体成员间会形成和谐的凝聚力，这一方面满足了我们和他人建立联结的渴望，另一方面也让我们脱离自我而融入集体这个更庞大的存在中，感受到自我提升。

一组漫画：人生的意义

别人告诉你，人生是这样的：

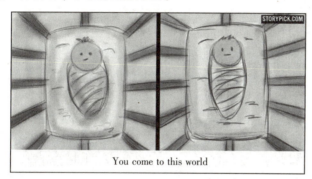

You come to this world

你来到世上

Toil hard and get educated

努力学习

Get a good job

找份好工作

Get married

结婚

Get settled

生活由此稳定下来

Then you've kids

然后你有了孩子

You become a machine to handle stress & sponibilities

整日应付压力和责任，你仿佛成了机器

By the time your kids become self-sufficient,
you start getting old

等到孩子们长大，你也逐渐老了

Your kids leave you for higher studies, work,
leaving you two alone

孩子们远走高飞，上大学、找工作，又剩下你们俩相依为命

You leave this world

直至老死

如果每个人都遁入平淡如水的生活模式，你不禁要问，那人生还有什么意义？

下面的故事没人会告诉你，但你一定会经历：

人生就是……

你闯入父母的生活，变成他们的开心果

人生就是……

你第一次背起书包的兴奋劲儿

人生就是……

和好朋友在教室外面一起罚站

人生就是……

在大学里邂逅心仪的女孩子，而好朋友在旁给你慰藉

人生就是……

面试被拒，回去与朋友开派对庆祝失败

人生就是……

做你原来不敢做的事

人生就是……

努力忘记新车碰上的刮蹭

人生就是……

为新家操办装修

人生就是……

半夜给小家伙换尿片，第二天疲惫地上班

人生就是……

观看孩子表演时落下的那滴眼泪

人生就是……

孩子终于有人来带，你和妻子出去度周末

人生就是……

就算孩子在家，还是忍不住与40岁的另一半偷偷亲一口

人生就是……

60 岁，跑完马拉松

人生就是……

给孙子孙女讲故事

人生就是……

看着孩子生活如意时，自己心里满满的成就感

人生就是……

让孙女教你操作最新款的数码产品

人生的意义就在于一件件小事，那一件件小事，回过头看，原来，都是大事。

（来源：https://m.sohu.com/a/210195690_476400?_trans_=010004_pcwzy）

推荐电影

一个声称能"看见未来"的患癌男孩韦一航，遇见了一个相信"平行世界"的患

《送你一朵小红花》海报

癌女孩马小远，在深夜的露台上，两人遥望夜空，展开了对各自所向往的美好世界的描述。影片围绕两个抗癌家庭的两组生活轨迹展开，讲述了一个温情的现实故事，思考和直面了每一

个普通人都会面临的终极问题——死亡随时可能到来，我们唯一要做的就是爱和珍惜。

电影描绘了先天智障的小镇男孩福瑞斯特·甘自强不息，最终"傻人有傻福"地得到上天眷顾，在多个领域创造奇迹的励志故事。

《阿甘正传》海报

人生就像一盒巧克力，你永远不知道会尝到哪种滋味。对于最初的生活，我们无从选择；但是对于往后的生活，我们却可以创造无限的可能。

主题六

心理韧性
——追逐生命里的每一道光

没有失败这回事，失败只是生活想把我们推向另一个方向。

——奥普拉·温弗瑞

杀不死我的，让我更强大。

——尼采

人生在世，吃苦受累、犯错跌倒都在所难免。心理韧性是一种能够从痛苦经历中恢复甚至获得力量和成长的能力。心理韧性并不是只属于某一类人，它是每个人都拥有的能力，它能让人在困难面前开启智慧、采取行动、寻找支持。解决困难的过程也是成长的过程，能够让人上升到更高一级，发现自己的潜力，欣赏自己的努力，获得周围人的善意。虽然每个人都有心理韧性，但并不是每个人都能在需要时启动。寻找事件的意义，发现自己的非理性情绪并能够进行恰当的辩论，培养积极归因模式，掌握解决问题的不同策略，不论生活平淡还是惊涛骇浪，你都能从中发现自己的成长，为自己骄傲。

模块 1　案例导入

案例

《叫我第一名》视频资源

讨论：布莱德获得成功的因素都有哪些？

内部：个人特质、愿意努力、有一定的能力、智力正常。

外部：家庭（父亲、母亲、弟弟）、同学、被信任、爱情。

作为个人经历（适应过程）来看，心理韧性是动态的，可视为在保护因素的支持下，个人恢复正常生活的重整过程。作为适应的结果来看，韧性是在困难状态中的正常发展。

讨论：什么人需要心理韧性？

（1）一个刚刚在车祸中受伤住院的人。

（2）一个驾照考试科目二没通过的人。

（3）一个生活平淡的人。

（4）一个刚获得升职机会来面对新挑战的人。

总结：心理韧性并非一项特定的人只在特殊情况下需要的特殊心理素质，每个人都需要心理韧性，而不仅仅是那些遭遇了巨大创伤和苦难的人。心理韧性是管理日常生活压力的基础。

模块 2　活动设计

活动一：压力应对方式

指导语：以下列出的是当你在生活中经受挫折打击或遇到困难时可能采取的态度和做法。请你仔细阅读每一项，然后选择最适合你的答案。

序号		完全不符合	比较不符合	说不清	比较符合	完全符合
1	失败总让我感到气馁					
2	我很难控制自己的不愉快情绪					
3	我的生活有明确目标					
4	经历挫折后，我一般会更加成熟、有经验					
5	失败和挫折会让我怀疑自己的能力					
6	当我遇到不愉快的事情时，我总找不到合适的倾诉对象					
7	我有一个同龄朋友，可以把我的困难讲给他听					
8	父母很尊重我的意见					
9	当我遇到困难而需要帮助时，我不知道该去找谁					

续表

序号		完全不符合	比较不符合	说不清	比较符合	完全符合
10	我觉得与结果相比，事情的过程更能帮助我成长					
11	面临困难，我一般会制订一个计划和解决方案					
12	我习惯把事情憋在心里，而不是向人倾诉					
13	我认为逆境对人有激励作用					
14	逆境有时候是对成长的一种帮助					
15	父母总喜欢干涉我的想法					
16	在家里我说什么总没人听					
17	父母对我缺乏信心和精神上的支持					
18	我有困难的时候会主动找别人倾诉					
19	父母从来不苛责我					
20	面对困难时，我会集中自己的全部精力					
21	我一般要过很久才能忘记不愉快的事情					
22	父母总是鼓励我全力以赴					
23	我能够很好地在短时间内调整情绪					
24	我会为自己设定目标，以推动自己前进					
25	我觉得任何事情都有其积极的一面					
26	我心情不好也不愿意跟别人说					
27	我情绪波动很大，容易大起大落					

问卷来源：胡月琴，甘怡群（2008）

计分方式：

选择"完全不符合"记 1 分；"比较不符合"记 2 分；"说不清"计 3 分；"比较符合"计 4 分；"完全符合"计 5 分。第 1、2、5、6、9、12、15、16、17、21、26、27 题反向计分。

问卷维度	题号	我的得分
目标专注度	3、4、11、20、24	
情绪控制	1、2、5、21、23、27	
积极认知	10、13、14、25	
家庭支持	8、15、16、17、19、22	
人际协商	6、7、9、12、18、26	

结果解释：某个维度平均分超 4 分，说明这一方面水平较高，低于 2 分说明这一方面水平较低。

活动二：画出我的抗逆资源圈

中心实心圆代表自己，三个同心圆代表三种资源。请按照你在需要时愿意启动的优先程度从内向外写下你的资源。

圈 1 是你的一级资源，是当你在遇到困难时首先想到的。这些资源能够给你最大程度的支持，是你生命中最重要的支持力量，有了这些资源你就能够摆脱困境，顺利解决问题。圈 2 是你的二级资源。这里的资源让你感到人生的温暖，对你来讲也很重要。圈 3 是你的三级资源。这里的资源平时不怎么想起，但一旦需要，你的求助会让他们愿意尽力提供相应帮助。

圈外是你的潜在资源。请你尽量搜索记忆系统，把那些虽然疏远但仍可以利用的资源写下来。

分享讨论： 观察你的资源圈，看看它的情况如何。你还有哪些方法可以扩展自己的资源圈？你最能掌握的抗逆力资源是什么？

模块 3　理论部分

提高心理韧性的方法

1. 掌握理性情绪疗法

美国心理学家阿尔伯特·埃利斯的理性情绪疗法的基本观点：人的情绪不是由事件本身引起的，而是由经历了这一事件的人对这一事件的解释和评价引起的，即 ABC 理论。A 是指诱发事件，B 是指个体对事件的看法、解释或评价，C 是指个体的行为和情绪结果。因此，要改变自己不当的情绪和行为反应，就要学会与不合理的信念进行辩论（D），用合理的信念取代不合理的信念，从而产生新的恰当的情绪和行为反应（E）。具体步骤如下：

第一步，要识别出不合理信念。不合理信念有三个特征：①绝对化。持这种信念的人的口头禅是"应该、必须、绝对、一定"。②过分概括化。也称为以偏概全，即以一件事或一个方面来评价整个人或事。③灾难化思维。一件不好的事发生就如同世界末日一般。

第二步，与不合理信念辩论。先找到自己的观点，再依据观点进行积极主动的提问，最后引出谬误，从而认识到自己的不合理信念并进行矫正。提问的方式有两种：

（1）质疑式。直截了当地向不合理信念发问。对绝对化类的信念质疑："有什么理由我必须获得成功？"——"我付出了"

——"付出就一定有收获吗？"——"应该有"——"应该的事情都会发生吗？"事实上，客观事物的发展有其自身的规律，不可能以个人的意志为转移。对具体的人来说，他不可能在每件事上都获得成功，而对个体来说，周围的人和事的表现和发展也不会以他的意志来改变。对过分概括化的信念质疑："我怎么可以证明自己是个一无是处的人？""如果我在这件事上失败了，就表明我自己是个毫无价值的人，那么，我之前的许多成功经历表明我是个什么人？"等。对灾难化思维质疑："如果这件可怕的事发生，世界会因此灭亡吗？""如果这件事糟糕至极，还有比这更糟糕的事，又怎么解释？"事实上，对任何一件事来说，都有比之更坏的情况发生，因此没有一件事可以被认定为百分之百的糟糕至极。

（2）夸张式。这种提问方式是把自己信念的不合理、不合逻辑以夸张的方式放大给自己看。如有社交恐惧的同学会有这样的逻辑："别人都看着我，我很不舒服"。提问："是不是别人都不干自己的事，都在围着我看？"——"没有"，"要不要在身上贴张纸写上'不要看我'？"——"不要，那样人家都要来看我了！""原来自己认为的别人都看我的想法是否是真的？"——"是我头脑中想象出来的。"这种方式容易使自己认为自己想法的幼稚可笑和不合理性，比较容易心服口服。

第三步，用合理信念取代不合理的信念，情绪得到改善，行为变得恰当。

	不合理信念	合理信念
1	低容忍度：我无法忍受……	受不了意味着我的忍受力不高，我可以借此锻炼自己的忍受力（交友、自控）
2	过度概括：……意味着……，就是因为……	没有充分的证据证明……
3	个人化（过度卷入）	保持好边界，把握好分寸
4	完美主义：这瑕疵我难以接受	世界本就不是为我造的，不完美是种常态
5	外在归因：他这么做让我难受	看看我能做点什么来改变现状
6	寻求赞许：如果不能令我满意……	恰当的不在乎
7	外部依赖：我得依靠他（关系扭曲）	保持边界，建立自信
8	惩罚坏人：坏人必须得到报应	如果坏人有好运，那我就更好了
9	鞭长莫及（越界管控）：要是不能帮他……	解决不了的问题不是问题；保持边界
10	完美解决：必须找一个万无一失的解决办法	矛盾的问题不要深谈；世界本就不完美
11	偏好确定：无法忍受不确定性	生活从来都是不确定性的；人生不能重来，因此没有对错
12	苛求命运：这不公平	公平从来都不是客观存在的
13	苛求别人：他不应该……	别说他不好，问我可以怎么样
14	欲望遮蔽：因为我很想……	有欲望才能行动，欲望太强则容易失去理性

2. 培养乐观归因模式

美国知名心理学家伯纳德·韦纳从认知的角度把成功和失败的原因分为三个维度，又把活动成功和失败的原因归结为六个因素，组成"三维模式"。三个维度是内部和外部归因、稳定和不稳定的归因、可控和不可控归因，六个因素是努力程度、能力、运气、任务难度、身心状态和外部环境。

韦纳认为，每一维度对动机都有重要的影响，人们把成败的原因归到不同的维度和因素上会产生不同的情绪体验和行为影响。

	来源		稳定性		可控性	
	内部	外部	稳定	不稳定	可控	不可控
能力	√		√			√
努力程度	√			√	√	
任务难度		√	√			√
运气		√		√		√
身心状态	√			√		√
外部环境		√		√		√

研究发现，乐观主义者和悲观主义者的归因方法差异非常大。乐观主义者在遇到好事的时候，通常采用内部的、稳定的、普遍的归因来提高自我效能感，遇到不好的事情时，往往作出的是外部、不稳定、特定的归因，保护了自己的自我评价。而悲观主义者却刚好相反。

成功事件情境：老板夸你这次活动办得很成功。			
	乐观主义者归因		悲观主义者归因
内部的	这次成功证明了我的能力很强	外部的	这次运气比较好，得到了老板的表扬
稳定性	能力是稳定的内部因素，我一直都有这种能力，这次也表现出来了	不稳定性	运气这东西，不是每次都能得到的
可控性	只要我正常发挥，每次都会有这样的结果	不可控性	这次运气好，谁知道下次是不是我倒霉呢

失败事件情境：老板批评你活动组织有瑕疵，表达不满意。

乐观主义者归因		悲观主义者归因	
外部的	这次是因为时间太紧、太仓促，赶紧总结经验，做好补救措施	内部的	我就是不行，没能力，所以活动没搞好
不稳定性	每个人都有运气不好的时候，好好解决，先把这个坎迈过去	稳定性	能力不行，再努力也不会让老板满意的
不可控性	老板不满意的只是这次活动，我的其他工作做的还是不错的	可控性	看来老板看出我的能力不行，以后他就不会重用我了，看来这个单位待不下去了

3. 了解应对方式并加以练习

俗言道："不同的心态，不同的结局。"不同的心态采取的防御机制不同，导致的结果必然不同。所谓防御机制，是指个体为了避免精神上的痛苦、紧张、焦虑、尴尬、罪恶感等心理，有意无意间使用的各种心理上的调整。防御机制是潜意识层面的，在维持正常心理健康状态起到了重要作用。防御机制按心理成熟度不同，分为自恋型、不成熟型、神经质型和成熟型四种；按行为性质不同，分为逃避性、自骗性、攻击性、代偿性、建设性和其他六种。了解自己的防御机制并采取成熟型、建设性的防御机制，有利于个体的身心发展。让我们从《狐狸的故事》里学习一下吧！

4. 掌握问题解决策略，提高问题解决能力

问题解决策略是指人们在解决问题过程中搜索问题空间、选择算子系列时运用的策略的总称，主要有算法策略和启发式策略两类。

算法是指解题的一套规则，能精确指明解题步骤。该策略

虽费时费力，但能保证问题得以解决。启发式策略即凭借个体已有的知识经验，采取较少的操作来解决问题的方法。除解决通用问题的手段—目的分析策略（正向工作法）外，还包含许多具体的策略，如爬山法、逆向搜索法等。

手段—目的分析法就是将问题要达到的目标状态分成若干子目标，然后通过实现一系列的子目标来最终达到总目标。它的基本步骤：第一，比较初始状态和目标状态，提出第一个子目标；第二，找出完成第一个子目标的方法或操作；第三，实现子目标；第四，提出新的子目标。如此循环往复，直至问题解决。例如，现在你要去北京旅行，首先第一个子目标就是确定时间，第二是做好攻略，第三是买车票，第四是去车站……你只需要完成一个个子目标，最终就可以实现总目标。著名的河内塔实验也属于这一类问题。河内塔问题的初始状态有 A、B、C 三根柱子，在 A 柱有中间带孔从大到小、由下到上重叠像"塔"一样的若干圆盘。目标状态是将"塔"移到 C 柱上，B 作为过渡。规则是每次只能移动最上面的一个圆盘，大圆盘不能压在小圆盘上。要求探索从初始状态到目标状态的通路，最终解决问题，达到目标状态。

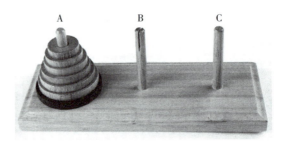

爬山法是指先设立一个目标，然后选取与起始点临近的未被访问的任一节点，向目标方向前进，逐步逼近目标的方法。就好像爬山一样，如果在山脚下，想要爬到山顶，就得一点一点地往上走，一直走到最高点。有时先得爬上矮山顶，然后再下来，重新爬上最高山顶。因此，爬山法只能保证爬到眼前山

上的最高点，而不一定是真正的最高点。例如，医生给病人的
药达到一定剂量后，病人有所好转，再超量就会引起调理反
应，这时医生往往会误以为这个剂量就是最佳剂量，然而事实
上也许更高剂量才能使病人真正痊愈。因此，问题解决者在使
用爬山法时，最好选择几个不同的起点一起来尝试，如果几个
起点到达的都是同一个点，这一点才算是真正的目的地。

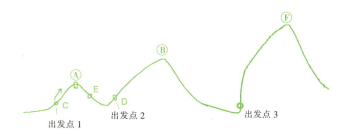

　　手段—目的分析法与爬山法的不同之处在于，手段—目的
分析法有时会为了达到目的而不得不暂时扩大目标状态与初始状
态的差异，以便最终达到目标；而爬山法只允许一步步地接近
目标。

　　逆向搜索法就是从目标状态出发进行的搜索，通常是与正
向搜索同时进行（双向搜索）。如果正向搜索时新扩展的状态
是逆向搜索中出现过的，将两段搜索路径连接起来就找到了一
个解（通常是一种搜索步数最少的解）。如果反向搜索时新扩
展的状态是正向搜索中出现过的，则与上述一样，也是一种最
优解。逆向搜索既是一种技术，又是一种思维，广泛应用于计
算机软件、互联网技术、电信技术、工业通用技术及贸易经济
等领域。

　　策略适宜与否决定问题解决的成败，其具体应用依赖于问
题本身的性质和内容以及个体已有的知识经验。

5. 学习放松方法，调节身心状态

　　正念是一种不加评价的、稳定的心理状态；是一种有意识
的觉察，是一个人能够察觉到自己的感受、状态和情绪的身心
体验；是一种活在当下的理念，是觉知此时此地，不为过去的

和将来的期望所烦恼，做好当下的事情，将精力放在能给我们带来更为健康、更为幸福、更为实际的事情上；是一种原始禅法、一种自我调节的方法，通过正念训练可以提升自我的正念水平。

正念训练

正念练习技术包括观呼吸、身体扫描、正念行走、正念品尝、观察自己的感知和想法。

模块4　强化练习

活动一：寻找意义

回忆 1~3 件发生过的对自己来说是"苦难"的挫折事件。如果这些事发生在今天，你会用什么样的态度面对它？你能为这个挫折找到什么意义？请在表中记录下来。

挫折事件	当时我对待它的情绪和态度	假如发生在今天我会怎样对它？	这件事现在对我有什么意义？

来源：摘自《积极心理学》，盖笑松，2020.

活动二：发现我的能力

完整描述曾经发生过的一件对你很重要但解决起来很有难度的事情。依次回答以下问题，发现你拥有的外部资源、自身的资源和解决问题的能力。

事前：

我遇到的事件是（描述事件本身）＿＿＿＿＿＿＿

对于这件事，我的想法是＿＿＿＿＿＿＿＿＿＿＿

当时我的情绪和行为是＿＿＿＿＿＿＿＿＿＿＿

当时我情绪中的不合理信念＿＿＿＿＿＿＿＿＿＿

事中：

我具有的解决问题的技能包括＿＿＿＿＿＿＿＿

我能从外部获得的支持有＿＿＿＿＿＿＿＿＿＿

我采取的问题解决策略有＿＿＿＿＿＿＿＿＿＿

事后：

这件事的结果是＿＿＿＿＿＿＿＿＿＿＿＿＿＿

在这件事中我利用的优势有＿＿＿＿＿＿＿＿＿

这件事对我的意义＿＿＿＿＿＿＿＿＿＿＿＿＿

这件事能顺利解决的主要原因是＿＿＿＿＿＿＿

这件事没能顺利解决的主要原因是＿＿＿＿＿＿

接下来我准备要做的事是＿＿＿＿＿＿＿＿＿＿

模块5 拓展阅读

关于心理韧性的早期研究

心理韧性的研究起源于 20 世纪七八十年代，此阶段的代表性人物有 Werner、Garmezy、Rutter 等。Werner 及其同事自 1955 年开始在夏威夷可爱岛进行的一项为期 32 年的研究成为心理韧性研究领域的先锋。他们发现三分之二的儿童在经历不利情境后仍然发展良好。与其他产生心理社会问题的儿童相比，这些儿童身上存在一些相似的特质，包括女性、强健的体格、具有社会责任感、适应能力强、包容、具有成就动机和良好的沟通能力、具有较高的自尊等。同时，Werner 还指出温暖关怀的家庭环境和外部环境对孩子应对困境亦起到保护性的作用。

Garmezy 于 1971~1982 年间以父母患有精神分裂症的儿童为研究对象，对其意向和信息加工障碍进行研究，发现大多数儿童在日后发展良好。该研究把保护性因素概括为三大类：人格倾向性、支持性家庭环境和外部支持系统。

Rutter 于 1979~1985 年间在城市青少年与乡村青少年中展开了一系列对比性研究，发现四分之一的青少年在经历多种危险因素后仍然表现出较高的心理韧性。这些青少年身上也表现出相似的积极特质，包括容易相处的气质、自我掌控感、自我效能感、计划能力以及与成人拥有温暖和亲密的关系等。

心理韧性早期研究阶段集中探讨的问题：面对同样的挫折情境，能够良好适应的个体与产生心理社会问题的个体具有哪些不同的个人特质和外在保护因子？与此相对应的，该阶段提出的心理韧性概念主要为能力型概念或结果型概念，如 Werner 提出的特质型定义：心理韧性是个体能够承受高水平的破坏性变化，同时表现出尽可能少的不良行为的能力；Mastern 提出的结果型定义：心理韧性是一类现象，这些现象的特点是面对严重威胁个体的适应与发展仍然表现良好。

心理韧性理论

（1）Kumpfer 的心理韧性理论模型综合环境、个体、交互过程三者的相互作用，比较全面地展示了心理韧性发挥作用以及压力应对的整个过程。第一部分，当个体面对压力时，个人调动外部各方面资源（家庭、社区、学校、同伴、社会）等的危险因素和保护因素，如果保护因素多于危险因素，个体就能较好地度过危机，反之则会被压力打败，产生适应不良。第二部分，个体通过与环境的相互作用进行认知调整和行动，强调个体的主观能动性。第三部分，主要列举了个体内部的心理韧性因素，包括情感、身体、行为、精神和认知。第四部分，描绘了心理韧性的作用过程及产生的三种结果（心理韧性重组、适应和适应不良重组）。心理韧性重组是指个体经过挑战后，心理韧性水平有所提升。适应是指经过挑战后，心理韧性回到原来的状态。适应不良重组是指经过挑战后个体心理韧性处于较低水平，并导致适应不良。

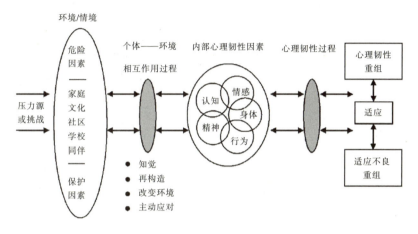

心理韧性理论模型（Kumpter，1999）

（2）Richardson 等进一步对心理韧性模型的概念进行了补充和完善，提出了过程模型。该模型把重心放在如何维护平衡状态方面，认为身心平衡状态是保护因素和负性事件相互作用的结果，一旦危险因素更多时，个人心理、生理和精神的平衡被打破，导致认知领域重组，最终造成三种不同的结果：①发展结果，即重新整合促进心理韧性的提升；②停滞结果，是指个人的心理韧性水平恢复到初始的平衡状态；③退化结果，即个体过去意识和信念功能的丧失或者彻底陷入紊乱状态，如用药物、自残等方式消极应对。以上三种模型使我们对于心理韧性的概念以及运行机制有了更加形象的理解和更加清晰的后续实验研究思路。同时，该模型的提出也在一定程度上为心理韧性研究整合性趋势提供了前提和动力。

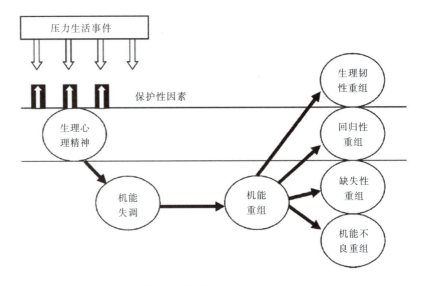

心理韧性的过程模型（Richardson，2002）

（3）张文新的心理韧性动态模型认为心理韧性是个体的天生潜能。青少年在发展过程中具有安全、爱、归属、尊敬、掌控、挑战、才能、价值等方面的心理需要和学校、家庭、社会和同伴群体等外部保护因素。心理韧性动态模型中所呈现的亲密关系、高期望值和积极参与会满足青少年的心理需要。外部保护因素促使青少年的发展需要得到满足，进而自然地发展出一些个体特征，也就是动态模型中的心理韧性特质。这些心理韧性特质会保证青少年免受危险因素的影响。

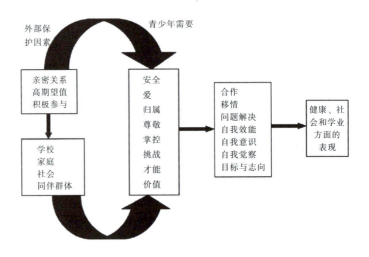

心理韧性的动态模型

电影推荐

在澳洲大堡礁的深海中，小丑鱼爸爸玛林和儿子尼莫简单幸福地生活着，可是爸爸做事常常畏首畏尾，是个胆小鬼，因为不知道爸爸以前的经历，尼莫觉得爸爸很不勇敢，甚至有点看不起自己的爸爸。小尼莫天不怕地不怕，跟同伴们去水面玩耍的时候，竟然被渔网捞了起来，辗转被卖到一家牙医诊所。玛林对儿子的生死未卜感到十分的担忧，就算

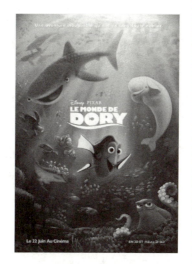

《海底总动员》海报

平时不能大胆行事，为了儿子也要勇敢豁出去了。可是玛林在路上遇到了很多艰难与恐惧，令他十分胆怯。爱子心切的爸爸不愿失去自己的儿子，父子俩最终凭借自身的努力和其他伙伴热心的帮助再次重逢，战胜人类，重归大海。

1960 年，中国登山队首次向珠峰发起冲刺，临时担任队长的方五洲在救助同伴曲松林还是保住曲松林手中的摄像机之间，选择了前者，完成了世界首次北坡登顶这一不可能的任务，但由于缺少环绕山顶拍摄的 360 度影像资料，这一壮举并不为国际所认可。15 年后，为了得到国际社会的承认，中国登山队再次集结。方五洲和曲松林在气象学家徐缨的帮助下，带领李国梁、杨光等年轻队员再次挑战世界之巅。

《攀登者》海报

迎接他们的将是更加严酷的现实，也是生与死的挑战……

该片根据 2018 年 5 月 14 日四川航空 3U8633 航班机组成功处置特情真实事件改编。机组执行航班任务时，在万米高空突遇驾驶舱风挡玻璃爆裂脱落、座舱释压的极端罕见险情，生死关头，他们临危不乱、果断应对、正确处置，确保了机上全部人员的生命安全，创造了世界民航史上的奇迹。

《中国机长》海报

2008 年北京奥运会女排比赛，中国对阵美国。郎平坐在美国队教练席上，大气沉稳；中国队教练站在场边，全神贯注。在光影

《中国女排》海报

交汇之中，中国女排三十余年的历史图景被缓缓打开……本片透过风云激荡的历史，讲述了几代女排人历经浮沉，仍然不屈不挠、勇于拼搏的传奇故事。从 1981 年世界杯决赛的中日大战，到 2008 年北京奥运会对垒美国，再到 2016 年里约奥运会的中巴之战，那些深植于全民记忆中的女排经典战役，在电影中被一一重现。

主题七

积极成就
——开启心花怒放的人生

世界上没有什么东西比成功更能增加满足的感觉，也没有什么东西比成功更能鼓起进一步追求成功的勇气。

——佚名

积极心理学认为幸福就是快乐与意义的结合。真正的幸福是面对重重挑战知难而进后，心中满满的成就感；是奋力跨越一切艰难险阻后，体验到的有着深刻意义的喜悦与祥和。通过克服困难达到目标后的成就感会让个体产生高峰体验，达到自我实现。获得积极成就的人通常拥有强烈的成就动机、积极的心态和坚毅的品质，他们更愿意培养自己的成长型思维，不断进行刻意练习，提高自我效能感，这些是获得成就的重要条件。如果你问他们什么是真正的幸福，他们一定会告诉你是在经历了一次次磨砺和挑战，实现目标后，心中产生的成就感和喜悦之情。

 模块1　案例导入

🍒 案例

有志者事竟成

　　2019年，山东商务职业学院2016级商务外语系应用英语专业的咸荣荣通过自己三年的努力一步一步实现了从专科生走向研究生的完美逆袭，完成了大学时期的自我实现和突破。这场逆袭是一次艰难的旅行，在校学习英语专业期间，她就跨专业报考了自考本科，准备市场营销专业的考试。三年时间里她如苦行僧般自律，基本上每天都在图书馆度过，坚持和努力让她在一年之内就通过了全部课程，在专科毕业的同时也取得了本科学历；一拿到本科文凭后，她又为考研做起了准备。"有志者事竟成"，咸荣荣终于在2019年以综合成绩第5名考取了北京理工大学心理健康教育专业研究生。

　　2019年流传这样一句话："不怕李佳琦讲话，就怕李佳琦说'oh my god'。"李佳琦创下了一个个销售奇迹：一场两小时的直播能试涂 380 多支口红；高峰时 15 分钟卖掉 15000 支口红；创下 30 秒为多人涂口红的世界吉尼斯纪录。其实，在成为超级主播之前，李佳琦只是一个美妆导购。从一个工资只有几千块的彩妆师到年入千万的"口红一哥"，他是如何做到的？我们看到的是现在他一场直播的各种销售奇迹，却不知道 2016 年 11 月他第一次开始直播时的场景，用他自己的话说："没人看，被人骂。"他曾经在公开演讲时分享过他的生活：一年 365 天，直播了 389 场，全年无休。正是凭借对产品品质不厌其烦的体验理解，对简单动作的反复练习，对直播工作的疯狂热爱，李佳琦从一名普通的欧莱雅专柜柜员成长为直播美妆领域的当红主播，获得了不凡的成就。

一个人获得成就的多少可以代表个体对环境掌控能力的高低。成就使个体意识到他们的努力是有意义的，只要发挥自己的主观能动性，就可以掌控自己的生活。

在 PREMA 五要素中，成就并不完全等同于事业上的成功或者学业成绩的名列前茅，而是个体努力实现带有强烈使命感的目标。积极成就可以通过刻意练习和培养成长型思维来实现。那么如何能体验到积极成就带来的满足感？如何让这种效能感在未来能持续不断地出现？取得积极成就需要哪些心理要素？

模块2 活动设计

活动一：成就倾向个体差异问卷（IDIAT）

指导语：请仔细阅读下列各句，并在右边适当的数字上画圈，以表示你对每一句话的同意程度。

1=非常同意；2=很同意；3=基本同意；4=有点同意；5=不知道；6=有点不同意；7=基本不同意；8=很不同意；9=坚决不同意。

1. 在工作中，我通常是以完成计划来结束工作的。	1 2 3 4 5 6 7 8 9
2. 我在一个新的不熟悉的情景下工作有困难。	1 2 3 4 5 6 7 8 9
3. 我对我的职业前途非常乐观。	1 2 3 4 5 6 7 8 9
4. 对于那些别人发现有困难的问题，我一般也不去解决。	1 2 3 4 5 6 7 8 9
5. 工作中需作出重要决策时我总是犹豫不决。	1 2 3 4 5 6 7 8 9
6. 拼命奋斗到达顶点的观念对我来说是不存在的。	1 2 3 4 5 6 7 8 9
7. 我宁愿选择重要的、充满困难的，并有50%的可能性会失败的职业，也不愿去干也是比较重要的，但不是困难的职业。	1 2 3 4 5 6 7 8 9
8. 我通常尝试去承担更有责任的工作，而愿意放弃最初的工作。	1 2 3 4 5 6 7 8 9
9. 不得不去承担新的工作的想法使我感到头疼。	1 2 3 4 5 6 7 8 9
10. 当去完成一项需要付出极大努力的重要工作时，我就感到特别的满足。	1 2 3 4 5 6 7 8 9
11. 在压力之下我无法工作出色。	1 2 3 4 5 6 7 8 9
12. 我相信只要自己拼命努力，就一定能够达到生活的目标。	1 2 3 4 5 6 7 8 9
13. 我对自己的职业感到自豪。	1 2 3 4 5 6 7 8 9
14. 学习一种新的技术不会使我非常兴奋。	1 2 3 4 5 6 7 8 9

15. 我在工作中做出的努力，仅仅是在我不得不那样做的程度上。	1 2 3 4 5 6 7 8 9
16. 我常常为自己建立非常困难的目标。	1 2 3 4 5 6 7 8 9
17. 我喜欢那种一旦我学会后就几乎不需要做什么努力的工作。	1 2 3 4 5 6 7 8 9
18. 我雄心勃勃。	1 2 3 4 5 6 7 8 9
19. 我喜欢小型的日常目标而不喜欢长期的目标。	1 2 3 4 5 6 7 8 9
20. 我非常喜欢那种与克服障碍连在一起的工作。	1 2 3 4 5 6 7 8 9
21. 对于能够发现自己长处和短处的机遇，我是非常高兴的。	1 2 3 4 5 6 7 8 9
22. 对于需要拼命努力的工作，我感到不满意。	1 2 3 4 5 6 7 8 9
23. 这些日子在工作中我几乎看不到有什么机遇，除非我能有好运气。	1 2 3 4 5 6 7 8 9
24. 解决一个简单的问题远远不如解决一个困难的问题使人感到满足。	1 2 3 4 5 6 7 8 9
25. 我喜欢需要有创造性见解的工作。	1 2 3 4 5 6 7 8 9
26. 我喜欢那种不需要做冒险决策的工作。	1 2 3 4 5 6 7 8 9
27. 我之所以工作是因为我不得不做。	1 2 3 4 5 6 7 8 9
28. 我对于自己建立的重要目标，一般都能成功地达到。	1 2 3 4 5 6 7 8 9
29. 在我最终完成了一项困难的任务后我感到松了一口气而不是感到满足。	1 2 3 4 5 6 7 8 9
30. 在竞争情境中我能表现出色。	1 2 3 4 5 6 7 8 9
31. 坚持不懈地努力以达到目标，不是我生活的信念。	1 2 3 4 5 6 7 8 9
32. 与我确信自己一定能完成较容易的任务相比，我更倾向于承担更困难的，然而无法确信一定能完成的任务。	1 2 3 4 5 6 7 8 9
33. 我只有在工作中胜过其他人才会感到满意。	1 2 3 4 5 6 7 8 9
34. 我不喜欢有那种处理困难情境的责任感。	1 2 3 4 5 6 7 8 9
35. 我愿意我的工作中充满了具有挑战性的任务。	1 2 3 4 5 6 7 8 9
36. 在我的工作中，我为自己建立了高标准，而不管别人是怎么做的。	1 2 3 4 5 6 7 8 9

37. 我试图预料与躲避具有中等程度失败可能性的情况。	1 2 3 4 5 6 7 8 9
38. 我宁愿做一些我感到有信心并且很放松的事，也不愿去做那些挑战性的困难的事。	1 2 3 4 5 6 7 8 9

评分标准：

成就倾向个体差异问卷 IDIAT 分为两个分量表，即追求成功动机分量表和避免失败动机分量表。

追求成功动机分量表包括 1、3、7、8、10、12、13、16、18、20、21、24、25、28、30、32、33、35、36 题。

避免失败的动机分量表包括 2、4、5、6、9、11、14、15、17、19、22、23、26、27、29、31、34、37、38 题。

每个分量表的得分为所属题目得分的总和。

成就动机总分=追求成就动机得分−避免失败动机得分

得分越高，则说明成就动机越高。

活动二：最近一年里让你最有成就感的事情

请你回想一下最近一年里让你最有成就感的事情并尽可能详细地描述这件事，在描述过程中仔细感受你情绪情感的变化。写完后请和同学们相互分享。

讨论分析：

（1）成就动机是一种以高标准要求自己，以取得活动成功为目标的动机。请回想你做这件事的成就动机是什么？

（2）通过这件事，你发现自己有哪些能力与优势？

（3）这件让你有成就感的事情给你带来了哪些积极影响？与你选择现在所学专业有没有关系？

分析分享：

影响个体获得成就的心理因素众多。对于大学生来说，影响学业成就的因素有家庭因素、学校因素、个体因素等。其中家庭因素、学校因素都属于外在不可控因素，个体很难进行改变。我们可以关注影响成就的个体因素并进行培养，从而提高积极成就。

模块3　理论部分

什么是积极成就

积极成就并不是指少数伟大人物的成就，而是指个人理想和目标的实现。积极心理学的研究目标是如何让大多数人获得幸福。在心理学家看来，幸福是在达成自己目标和理想过程中所产生的满足感和快乐感，因此积极成就既包括学习、工作、家庭生活中的"小成就"，也包括"大成就"——充满成就的一生。最新的研究结果发现，不是成功带来了幸福，而是幸福带来了成功。

让我们看看成就能带来什么？比如，在活动中取得成功，可以更加积极地进行自我评价，进而获得心理上的愉悦和满足；在追求成功的过程中，可以忘却烦恼、告别忧郁，福流体验让目标更加明确，生活更充实、有意义；成功的经验也可以使个体建立起稳定、有效的自我效能感，这对以后的日常生活和事业发展大有帮助。

如何获得积极成就

获得积极成就

1. 成就的起点——积极的心态

1976 年，积极心理学之父塞利格曼收到了一份很奇特的研究生入学申请书，申请者是一位名叫维辛坦娜的护士。她想要来宾州大学研究一个课题：积极心态与生命的关系。事情的起因是一个 10 岁小男孩 D。D 被医生确诊患上淋巴癌，医生建议放弃治疗，但 D 自己却坚持治疗，不想放弃自己的生命。D 有一个愿望，他希望自己长大后可以研发出预防和治愈癌症的方法，让其他的小孩不会跟他一样患病。尽管 D 因为生病而导致身体非常虚弱，但他依然很乐观，并一直与淋巴瘤专家保持联系。这位专家原计划在飞往美国西海岸参加儿科医学会的途中去探望患病的 D，D 知道这个消息后非常兴奋，很期待这次的见面。但天不作美，约定的那天，因为大雾，机场被迫关闭了，他们无法相见。D 得知这个消息后，非常难过，第二天早上，他变得焦躁不安，开始发高烧，并出现了严重的并发症，晚上一直昏迷，第三天下午就去世了。通过后续的研究揭示了心理与生理之间的作用关系：当我们遭遇挫折时，容易产生悲观的想法，会导致抑郁，我们身体的免疫系统就会被抑制，增加患病几率；但如果我们用积极乐观的心态去面对，就会产生积极的情绪，身体免疫系统就会被增强，从而让疾病远离我们，哪怕生病了也会加快康复。

2. 成功的法宝——提高自我效能感

自我效能是指人们对自身能否利用所拥有的技能去完成某项工作行为的自信程度，简单来说就是关于"我能把这件事做好吗"的自我回答。影响自我效能感的因素有过去的成败体验、替代性经验、言语上的说服、情绪与生理状态。因此，提高自我效能感可以从四个因素入手：①过去的成败体验。回味自己认为值得骄傲的成功体验，并将这些成功利用乐观归因模式归于自己的能力、品格、努力等内部的、稳定的、可控的因素上，能够增强自我效能感。②替代性经验。当身边的同学、朋友等和自己水平差不多的人获得成功时，自己觉得自己也可以，这就是替代性经验的影响。与之相反的是，如果只看伟人或明星，只会让自己觉得差距太大而产生自我否定。③言语上的说服。朋友根据真实的情况表达对自己的认可、鼓励、评价等能够有效提升自我效能感，尤其是当很有影响力的权威人士表达对自己的肯定时将会极大提升自我效能感。④情绪与生理状态。良好的情绪和健康的生理状态有助于提升自我效能感。在面临某项任务时，情绪激动、过度紧张等都会妨碍行为的表现，从而降低效能感。

3. 成功的关键——坚毅

一个人的天赋绝对不是成功与否最重要的因素，最重要的因素是坚毅。坚毅并不是大部分人认为的简单"坚持"，从而过上一种"正确而无趣"的生活。坚毅=坚持+激情，包含了一个人对某个领域的高度热情和喜爱。知名心理学家Angela研究发现：不论哪个领域的高成就者都具有相当惊人的决心，他们具备更多的韧性与勤奋，有明确的想要为之努力的方向。正是这种激情和坚持的组合使他们变得优秀，激情和坚持就构成了坚毅，他们都具有很高的坚毅力。Angela在《坚毅》这本书中提到一条成就公式：

成就=技能×努力

技能=天赋×努力

所以一个人的成就=天赋×努力的平方。

4. 成功的思维——成长型思维

人的能力是固定不变的，还是不断成长的？

斯坦福大学教授卡罗尔·德韦克证明，如果学生相信智力是具有"延展性"的或者说可以得到提升的，那么他们的学业成绩就会更好。德韦克及其同事确定了学生所具备的两种不同心态：固守僵固型思维和成长型思维。固守僵固型思维的人认为智力和其他技能就如顽石般静止；成长型思维的人将智力看成动态的过程，而且能够获得提升。德韦克还调查了这两种不同的心态对个体的表现有何影响。一个秉持成长型思维的人，会认为人的能力是不断成长的，并把注意力集中在能力成长上；而一个固守僵固型思维的人，会认为人的能力是固定的，并把注意力集中在"证明自己行还是不行"上。

固守僵固型思维的人，会把挑战看作"证明自己可能不行"的风险，因而回避挑战；而秉持成长型思维的人，会把挑战看作能力成长的机会，因而迎接挑战。

固守僵固型思维的人，会认为努力是一件可耻的事，越需要努力，越说明能力不足，所以就算努力，他们也会偷偷努力；而秉持成长型思维的人，却把努力看作激发人能力的必要手段，并以努力为荣。

固守僵固型思维的人，会把批评当作对他本人的负面评价；而秉持成长型思维的人，更容易把批评当作帮助自己改进的反馈，虽然他在面对批评时同样会感到难受。

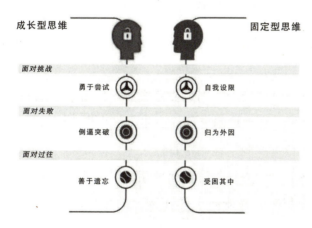

（摘自卡罗尔·德韦克《看见成长的自己》，中信出版社，2011）

5. 成功的方法——刻意练习

刻意练习就是有目的的练习。正确的刻意练习应该满足四个特点：要有明确的特定目标；要专注；要有反馈（及时反馈）；走出舒适区。走出你的舒适区，以专注的方式制定明确的目标，为达到目标制订具体的计划，并且想出监测进步的方法，在达到目标的过程中还要想办法保持动机。

安德斯·埃里克森与罗伯特·普尔在《刻意练习》中提出：

"这种预先确定的能力并不存在，大脑是可适应的，而训练可以创造一些我们以前并未拥有的技能。学习变成一种创造能力的方式，而不是使人们学会充分利用他们的内在才华。"没有天生才华，"天才"和我们一样，大脑和身体都具有适应能力，只是比我们更多地利用了这一能力而已。"天才"是训练的产物，要成为大师其实是有路径可循的，那就是刻意练习。我们平时如能运用刻意练习的原则，必将能跨越障碍，达到我们自己的目标，创造自己的潜力。

模块4　强化练习

活动一：用"SMART"聪明法则制定目标

要提升坚毅力，我们还需要可以应用的有意识的策略帮助我们执行。

先想一想你最近特别想要完成的一件事，以减肥为例，我们先学会科学合理地制定目标，才能一步步实现目标。

SMART——聪明地制定目标

心理学家认为，与简单而模糊的目标相比，困难而明确的目标更能刺激人在既有工作任务上的表现。SMART 是由五个英文单词的第一个字母组合而成的。

Specific：具体，指制定的目标要具体。如减肥，有同学天天喊着"我要减肥"，但是从没有想过明确具体的实施过程。我们应该明确如果要在 30 天内减掉 10 斤，一周要减去 3 斤，每天就需要减重 0.5 斤，那就可以完成减肥目标。

Measurable：可测量，是指制定的目标可衡量、可量化。例如，如果减肥目标是从 140 斤减到 130 斤，那减肥时可利用体脂秤监测自己完成的进度。

Attainable：可实现，指的是目标任务通过努力可以实现。

例如，减肥第一天就想要立马掉重5斤，这是不切实际而且非常不健康的，这不是一个可达成的目标。但如果计划一周减去3斤，每天0.5斤左右，这个目标是可实现的。

Relevant：相关的，是指目标也要跟自己的实际需求相联系。例如，为了减肥，我的目标是每天根据科学的营养配比和食物热量来选择自己的饭菜，再坚持做有氧运动；但是如果为了减肥制定的是每天刷抖音1个小时、看直播2个小时等这些跟减肥南辕北辙的目标，那这样的目标是无效的。

Time-based：有时限的，是指目标完成要有时间限制。例如，你想减掉10斤，但是没有确定何时达成这个目标，是今年还是明年，或者是几年之后，所以，这就需要有一个时间来进行限制。如果制定了一个目标，但是没有给出明确的时间限制，那么有的人可能就会以"总有一天会实现的"这样的话来为自己找借口。

任何目标的实现都需要我们去做聪明的计划，科学有效地去执行并能智慧地去应对过程中遇到的诱惑和挑战。

活动二：我也很不错！

活动目的：通过加强个体对自我的接纳，尤其是接纳自己身上的瑕疵和不足，从而学会欣赏自己，对自己的生理和心理上的"负面"特质赋予积极意义，转化成积极的自我效能，提升学生整体自我效能感。

活动材料：红色印泥和大白纸各一，彩笔、信箱一个，A4纸每人一张，积极赋义卡。

活动步骤：

1. 名字来历

每个人的出生都是父母最有爱的礼物，同时他们给了你一个美丽又有意义的名字，你们有兴趣跟大家介绍一下你名字的来历和意义吗？

2. 我的成就

我们在求学的路上遇到很多挫折，可能我们已经遗失了曾经追求成就的上进心，但是别忘了，我们真的很不错。请你分享从小到大你最引以为傲的事情

3. 对"我的瑕疵"进行积极赋义

反思自身的缺点和瑕疵并尝试对它们赋予积极的意义。例如，虽然我粗心大意，但这种"马大哈"的性格以及不拘小节，让我结交了很多朋友。

序号	我的瑕疵	积极赋义
1		
2		
3		

4. 寻人启事

每个人要根据自己的形体、性格、爱好、特长等写出一则别具特色的寻人启事（不能出现自己名字），然后放到信箱。老师随机抽取，让大家来猜这个人是谁。

问题讨论：

（1）你在以往的生活中是如何看待自己的？

（2）通过这次活动，你对自己有了怎样的新认识？

模块 5　拓展阅读

推荐书目

在对成功的数十年研究后，斯坦福大学心理学家卡罗尔·德韦克发现了思维模式的力量。她在《终身成长——重新定义成功的思维模式》中表明，我们获得的成功并不是能力和天赋决定的，而是更受我们在追求目标的过程中展现的思维模式的影响。成功不在先天，不靠外在，关键在于思维模式：是满足

于现有成果、避免失败可能的固定型，还是以努力为豪、寻求挑战机会的成长型，决定了你能在成功路上走多远。

夸孩子"你好聪明"还是"你真用功"？如果一段感情需要努力经营，意味着我们注定不适合在一起？一位天才老板带领一群天才员工，就一定能缔造卓越？思维模式的不同影响着我们生活和工作的方方面面，而你有充分的机会可能扭转自己的思维模式，改变前进的方向。

卡罗尔·德韦克认为成长型思维又名成长心态、成长型心理定向，是"性格品质力"家族中最重要的一员。"性格品质力"指对人生成就和幸福起决定性作用的非知识性的、非智力的因素的总称，学术上它们被教育经济学家称为非认知能力，而被心理学家叫作非智力因素。由于成长型思维对教育的巨大意义，2017 年 12 月，德韦克教授荣获首届全球最大的教育单项奖——"一丹奖"。该奖项突破宗教、种族、国家限制，选择"全球对教育最好的研究成果"，被称为教育界的诺贝尔奖。因此，斩获首届"一丹奖"意味着成长型思维被认为是近几十年

来教育学术领域最伟大的、最值得应用推广的科研成果。

《成长型思维训练》是两名教师受到德韦克教授研究成果的启发后，对自己在课堂上培养成长型思维的实践总结。这本书试图为想要挖掘成长型思维能力的教师提供建议与指导。作者相信，在课堂中采用成长型思维能够显著提高学生的成绩，而老师应该为学生创造机会，鼓励他们采取成长型思维。在该书中，作者设法阐明了一些能够提供机会在学生中培养成长型思维的特定领域，也为那些想要抓住机会、努力让学生走向成功的人提供了一些实用的策略，如目标定向、执行意图、元认知策略、SMART 五原则等。这本书不仅是成长型思维的操作指导书，更是整个非认知能力领域精华内容的教育践行地图。

推荐电影

《疯狂动物城》是由迪士尼影业出品的 3D 动画片。朱迪是一只充满好奇心、勇于尝试的小兔子，和其他200 多个兄弟姐妹不同，它梦想着成

《疯狂动物城》海报

为一名能让世界变得更美好的警察，尽管小兔子普遍被动物们贴上了柔弱、瘦小、无法成为警察的标签，但朱迪仍然用它的努力成为了警校最优秀的学生。毕业之后满怀理想的它来到了动物城工作，然而简陋的出租屋、吵闹的环境、被领导的轻视

以及被欺骗情感，让它感受到理想与现实之间的巨大差距。尼克是一只靠坑蒙拐骗为生的狐狸，儿时受过的歧视和伤害使它放弃了自己的理想，这也造就了它狡猾的性格。它和朱迪的初次见面也是源于一场欺骗，也许是在朱迪身上看到了当初的自己，它和朱迪联手，凭借多年坑蒙拐骗积攒的人脉以及灵活的头脑破解了一场意欲颠覆整个动物城的巨大阴谋，解救了无辜的动物们。电影要表达的并不是因歧视而起的怨天尤人，而是如何扬长避短，充分发挥自己的优势追求自己的梦想，取得积极成就，让别人的歧视最终变成欢呼与掌声。

参考文献

[1] 弗里德克森. 积极情绪的力量 [M]. 北京：中国人民大学出版社，2013.

[2] 彭凯平. 活出心花怒放的人生[M]. 北京：中信出版社，2020.

[3] 塞利格曼. 真实的幸福[M]. 杭州：浙江教育出版社，2020.

[4] 塞利格曼. 认识自己，接纳自己[M]. 杭州：浙江教育出版社，2020.

[5] 塞利格曼. 持续的幸福[M]. 杭州：浙江教育出版社，2020.

[6] 塞利格曼. 活出最乐观的自己 [M]. 杭州：浙江教育出版社，2020.

[7] 乔纳森·海特. 象与骑象人[M]. 杭州：浙江人民出版社，2012.

[8] 阳志平. 积极心理学团体活动课操作指南[M]. 北京：机械工业出版社，2016.

[9] 戴晓阳. 常用心理评估量表手册修订版 [M]. 北京：人民军医出版社，2015.

[10] 樊富珉，金子璐. 品格与责任：儿童和青少年学校团体辅导教师实践手册[M]. 北京：人民日报出版社，2019.

[11] 樊富珉. 大学生心理健康十六讲[M]. 北京：高等教育出版社，2013.

[12] 曾光，赵昱鲲. 幸福的科学[M]. 北京：人民邮电出版社，2018.

[13] 道格·亨施. 如何成为一个抗压的人[M]. 北京：北京联合出版有限公司，2019 .

[14] 克里斯托弗·彼得森. 打开积极心理学之门[M]. 北京：

机械工业出版社，2016.

[15] 盖笑松. 积极心理学[M].上海：上海教育出版社，2020.

[16] 乔·欧文. 成长型思维——从平凡到优秀的七种思维模式.[M].北京：人民邮电出版社，2018.

[17] 卡罗尔·德韦克.终身成长：重新定义成功的思维模式[M].南昌：江西人民出版社，2017.

[18] 阿尔伯特·艾利斯.让你快乐起来的心理自助方法[M].北京：中国人民大学出版社，2010.

[19] Seligman, M.E.Flourish：A visionary new understanding of happiness and well-being [M]. New York City：Simon and Schuster, 2011：10-11.

[20] Bodenmann, G., Ledermann, T., & Bradbury, T. N. Stress, sex, and satisfaction in marriage [J]. Personal Relationships, 2007, 14（4），551 - 569.

[21] Bodenmann, G., Meuwly, N., Bradbury, T.N., Gmelch, S., & Ledermann, T. Stress, anger, and verbal aggression in intimate relationships：Moderating effects of individual and dyadic coping [J]. Journal of Social and Personal Relationships, 2010, 27（3），408 - 424.

[22] Bodenmann, G., Meuwly, N., Germann, J., Nuss-beck, F. W., Heinrichs, M., & Bradbury, T. N. Effects of stress on the social support provided by men and women in intimate relationships [J]. Psychological Science, 2015, 26（10），1584 - 1594.

[23] Cohan, C. L., & Cole, S. W. Life course transitions and natural disaster：Marriage, birth, and divorce following Hurricane Hugo [J]. Journal of Family Psychology, 2002, 16（1），14 - 25. https：//doi.org/10.1037/0893-3200.16.1.14

[24] Cohan, C. L., Cole, S. W., & Schoen, R. Divorce following the September 11 terrorist attacks [J]. Journal of Social andPersonalRelationships, 2009, 26（4），512 - 530.

[25] Gable, S. L., Reis, H. T., Impett, E. A., & Asher, E. R. What Do You Do When Things Go Right? The Intrapersonal and Interpersonal Benefits of Sharing Positive Events [J]. Journal of Personality and Social Psychology, 2004, 87 (2), 228 - 245.

[26] Girme, Y. U., Overall, N. C., & Faingataa, S. "Date nights" take two: The maintenance function of shared relationship activities [J]. Personal Relationships, 2014, 21 (1), 125 - 149.

[27] Holt-Lunstad, J., Smith TB, & Layton JB. Social Relationships and Mortality Risk: A Meta - analytic Review [J]. PLoS Medicine, 2010, 7, e1000316.

[28] Keneski, E., Neff, L. A., & Loving, T. J. The importance of a few good friends: Perceived network support moderates the association between daily marital conflict and diurnal cortisol [J]. Social Psychological and Personality Science, 2018, 9 (8), 962 - 971.

[29] Nakonezny, P. A., Reddick, R., & Rodgers, J. L. Did divorces decline after the Oklahoma City bombing? [J].Journal of MarriageandFamily, 2004, 66 (1), 90 - 100.

[30] Neff, L. A., & Karney, B. R. How does context affect intimate relationships? Linking external stress and cognitive processes within marriage [J]. Personality and Social Psychology Bulletin, 2004, 30 (2), 134 - 148.

[31] Neff, L. A., & Karney, B. R. Acknowled-ging the elephant in the room: How stressful environmental contexts shape relationship dynamics [J]. Current Opinion in Psychology, 2017, 13, 107 - 110.

[32] Pietromonaco, P. R., & Beck, L. A. Adult attachment and physical health [J]. Current Opinion in Psychology, 2019, 25, 115 - 120.

[33] Pietromonaco, P. R., & Collins, N. L. Interpersonal

Mechanisms Linking Close Relationships to Health [J]. American Psychologist, 2017, 72 (6), 531 - 542.

[34] Reis, H. T., Clark, M. S., & Holmes, J. G. Perceived Partner Responsiveness as an Organizing Construct in the Study of Intimacy and Closeness. In D. J. Mashek & A. P. Aron (Eds.), Handbook of closeness and intimacy, 2004. (2004 - 00238 - 012; pp. 201 - 225). Lawrence Erlbaum Associates Publishers.